중국인 학습자를 위한
한국어 문법교육 연구

저자 박덕유 외

박문사

중국인 학습자를 위한 한국어 문법교육 연구

머리말

한국어는 표음문자인 한글과 표의문자인 한자의 상호보완으로 이루어져 그 어느 언어보다 경쟁력 있는 언어이다. 21세기 국제화 시대를 맞이하여 한국의 경제 발전, K-pop 등 한류 열풍이 불면서 한국에 유학온 외국인 학생 수가 2003년 12,314명이던 것이 꾸준히 증가하여 2015년 2월 현재 92,076명에 이른다. 이 중 중국인 유학생 수는 57,391명으로 전체 62.3%에 이른다. 이외에도 중국 내에 한국어를 배우려는 사람들이 나날이 증가하고 있어 중국인 학습자를 위한 한국어 연구가 매우 필요한 시점이다.

본서는 한국어를 체계적으로 학습하기 위한 전략으로 정확한 문법 사용에 초점을 두어 한국어와 중국어의 대조분석을 통해 공통점과 차이점을 활용하는 교수·학습 방안을 고찰하였다. 이는 『중국인 학습자를 위한 한국어교육 연구』(2012)에 이은 두 번째 저서로 한국어 형태·어휘론과 문장론, 그리고 담화에 관련된 문법 내용을 보다 효율적으로 학습하기 위함이다.

제1장 〈중국인 학습자를 위한 형태·어휘론 연구〉의 "중국어와 대응관

계 없는 한국어 보조용언 연구"에서는 보조용언을 유형별로 나누어 상적 의미와 양태적 의미를 제시하고 이에 대응되는 중국어의 보조용언 의미를 고찰하였다. 다음으로 "중국인 결혼이민자를 위한 한자어 학습 전략 연구"에서는 중국이 강사로서의 직업문식성 신장을 목적으로 한 어휘 학습 목록을 선정하였으며, 이를 한자의 형태와 의미별로 유형화하여 중국어를 대응시켜 분석함으로써 효율적인 학습 방안을 제시하였다.

제2장 〈중국인 학습자를 위한 문장론 연구〉의 "한·중 의문문 기능 실현 요소의 대조 연구"에서는 문장의 구성 요소를 분리해서 교육하기보다는 의문문이라는 통일체 안에 묶어서 다양한 의사소통 기능을 이루는 요소를 유형별로 나누어 중국인 학습자들에게 한국어 문장 교육을 체계적으로 학습해야 함을 기술하였다. 다음으로 "인지 전략을 활용한 한국어 의문문 교육 연구"에서는 학습 효과를 향상시키기 위한 방법으로 학습자가 새로운 정보를 이해하고 기억하는 데에 효율적인 인지 전략에 의한 의문문 학습법을 고찰하였다. 이에 의사소통 기능에 따른 의문문을 주요 유형으로 분류하여 그 특성을 기술하였으며 교수·학습의 실제를 제시하였다. 이어 "한·중 상대 높임법 대조 분석 연구"에서는 한국어의 높임법과 중국어의 높임법을 상대 높임법과 높임 어휘로 나누어 대조 분석함으로써 공통점과 차이점을 추출하여 교수·학습 방안의 발판을 마련하였다.

제3장 〈중국인 학습자를 위한 담화·맞춤법 연구〉의 "한국어 담화 표지 교육 내용 구성에 대한 연구"에서는 대화 맥락에 따라 화자의 발화 의도나 심리적 태도를 효율적으로 전달하기 위해서 담화 표지의 필요성을 제시하였으며, 한·중 담화 표지는 각각 특이한 분포 양상과 체계를

가지고 있어 공통점이 있으나 상이한 부분이 압도적이므로 한국어 담화 표지 연구를 위해서는 담화 표지 교육 목록을 선정하여 이를 교육해야 함을 고찰하였다. "한국어와 중국 조선어의 맞춤법 규범 비교 연구"에서는 한국어와 조선어가 발음, 어휘, 문법, 맞춤법 등 여러 면에서 차이가 있는데, 이 중 맞춤법에 대한 문제점을 고찰하고자 총칙, 두음법칙, 사이시옷, 띄어쓰기, 문장부호 등으로 나누어 살펴봄으로써 학습자의 혼란을 줄이고 효율적으로 학습할 방향을 제시하였다.

문자는 음성언어를 기록하는 하나의 수단으로서 인간의 가장 중요한 문화적 업적이다. 따라서 국민은 언어를 정확하고 고운 말을 사용함으로써 국어 발전과 국어 문화 창달에 기여할 책임이 있다. 더욱이 21세기 들어 한류 열풍과 더불어 중국에서 한국어 학과가 늘어나고 있는 시점에 학문 목적 중국인 학습자들에게 우리 언어를 정확하고 효율적으로 학습할 수 있도록 한국어 문법교육이 이루어져야 한다.

2015년 3월
박덕유

중국인 학습자를 위한 한국어 문법교육 연구

차례

■ 머리말 ‥ 3

제1장
중국인 학습자를 위한
형태·어휘론 연구

1. 중국어와 대응관계 없는 한국어 보조용언 연구 ‥‥‥‥‥‥‥‥ 11
2. 중국인 결혼이민자를 위한 한자어 학습 전략 연구 ‥‥‥‥‥‥ 43

제2장
중국인 학습자를 위한
문장론 연구

1. 한·중 의문문 기능 실현 요소의 대조 연구 ‥‥‥‥‥‥‥‥‥ 79
2. 인지 전략을 활용한 한국어 의문문 교육 연구 ‥‥‥‥‥‥‥ 125
3. 한·중 상대 높임법 대조 분석 연구 ‥‥‥‥‥‥‥‥‥‥‥ 165

제**3**장
중국인 학습자를 위한
담화·맞춤법 연구

1. 한국어 담화 표지 교육 내용 구성에 대한 연구 ······················ 193
2. 한국어와 중국 조선어의 맞춤법 규범 비교 연구 ····················· 225

■ 찾아보기 ·· 247

제1장

중국인 학습자를 위한
형태·어휘론 연구

제1장 중국인 학습자를 위한 형태·어휘론 연구

1. 중국어와 대응관계 없는 한국어 보조용언 연구

2. 중국인 결혼이민자를 위한 한자어 학습 전략 연구

1. 중국어와 대응관계 없는 한국어 보조용언 연구

 1 서론

대부분 한국어의 보조용언은 대응되는 중국어 표현이 명확하고 일정한 대응관계가 있으나 일부는 대응표현이 명확하지 않고 일정한 대응관계가 없는 보조용언들이 있다. 즉 진행의 의미를 나타내는 '-아/어 가다, -아/어 오다', 종결의 의미를 나타내는 '-고 말다', 반복의 의미를 나타내는 '-아/어 쌓다, -아/어 내다', 강조의 의미를 나타내는 '-아/어 빠지다, -아/어 터지다', 보유의 의미를 나타내는 '-아/어 놓다, -아/어 두다'가 있다. 사전에는 이 보조용언들이 대응되는 중국어 표현이 없으므로 중국인 학습자들이 이를 이해하는 데 어려움이 많을 것이다. 그러므로 이 보조용언들은 중국인 학습자들에게 교육할 때 그 의미를 정확하게 전달하는 것이 중요하다. 문장에서 이 보조용언들이 사용될 때는 화자의 인식이나 심리적 태도를 반영하는 상적 의미나 양태적 의미를 가지고 있을 것이다. 그러므로 교육할 때, 그 상적 의미와 양태적 의미를 정확하게 밝혀 주어야 중국인 학습자가 이해를 잘 할 수 있을 것이다. 이에 본고에서는 이 보조용언들 안에 숨겨져 있는 상적 의미와 양태적 의미를 밝히고자 한다.

 2 한국어 보조용언의 의미 분석

본장에서는 서론에서 제시한 보조용언들을 대상으로 예문을 제시하며 그 의미를 분석할 것이다. 주로 상적 의미와 양태적 의미 두 가지 측면을 위주로 분석하고자 한다.

2.1. 진행 보조용언의 의미 분석

진행 보조용언 중에 '-아/어 가다, -아/어 오다'는 중국어에서 명확하게 대응되는 표현이 없다. 그러므로 이 보조용언들이 문장에서 드러내는 상적 의미와 양태적 의미를 분석할 필요가 있다.

2.1.1. 보조용언 '─아/어 가다'의 의미 분석

1) 상적 의미

박선옥(2002)에서 본동사 '가다'의 기본 의미를 '변이'로 설명했다. 손세모돌(1996)은 '지향점이 있는 지속'으로 보았다. 이와 같이 연구자들마다 본동사 '가다'의 의미를 다르게 제시했다. 본동사 '가다'의 사전적 의미[1])는 "물건이나 권리 따위가 누구에게 옮겨지다, 한 곳에서 다른 곳으로 장소를 이동한다, 관심이나 눈길 따위가 쏠리다"이다. 이처럼 본동사 '가다'의 의미는 행위자의 이동, 눈길의 이동, 물건의 이동, 상태 변화 유지 등이 있는데, 의미가 점점 추상화되는 것을 알 수 있다. 보조용언 '─아/어 가다'의 의미는 시간적으로 상태의 '변이'로 볼 수 있다. 따라서 본고는 보조용언 '─아/어 가다'의 기본 의미를 '시간 지향적 변이'로 보며 상적 의미와 양태적 의미를 모두 나타낸다고 본다.

① [+진행]

최현배(1937)를 비롯하여 이기동(1988), 고영근(1993), 손세모돌(1996), 박선옥(2002) 등은 보조동사 '─아/어 가다'를 상 의미로 보았다. 이기동(1997)에서는 보조동사 '─아/어 가다'가 선행용언이 동사이면 '진행상'을 나타내며 형용사이면 예상되는 상태에서 벗어나는 '상태의 변화'를 나타낸다고 정의하고 있다. 다음의 보조용언 '─아/어 가다'가 [진행]의 의미를 나타내는지 살펴보자.

---

1) 본고에서 말하는 사전적 의미는 『표준국어대사전』(1999)에서 제시하는 의미이다.

(1) 다행히 장사가 잘돼 개업할 때 진 빚도 다 갚아 간다.
   幸好生意興隆，开业时欠的债都快还上了。
(2) 아저씨가 풀을 다 뽑아 간다.
   叔叔快要拔完草了。

(1)에서 '행위자가 개업할 때 진 빚을 다 갚는 것'이 목표라면, 행위자는 그 목표를 위해 아직 진행되고 있음을 나타낸다. (2)에서 '아저씨가 풀을 다 뽑는 것이' 목표라면 처음 출발점에서 밭에는 풀이 많았고 행위자인 아저씨는 이 풀을 다 뽑아야 하는 것이기 때문에 목표점에는 풀이 없어야 한다. 즉 행위자가 풀을 다 뽑아야 하는 목표점을 향해 '진행상'의 의미를 나타내고 있는 것을 알 수 있다.

시간적인 기준점으로 보조용언 '-아/어 가다'를 보면 목표를 향해 가는 과거에서 미래로의 진행을 나타낸다. 공간적으로 보면 목표점에 가까워질수록 출발점에서는 멀어진다. 그래서 목표점을 향해 변화가 '진행'되면서 목표점에 도달하게 된다는 상적인 의미를 가지고 있다. 심리동사에 의해 보조동사 '-아/어 가다'가 '진행의 정도성'을 나타내는 예문을 살펴보자.

(3) 책을 다 읽어 간다.
   書要讀完了。
(4) 나도 이제 남편의 중요성을 점점 알아 간다.
   我現在越來越感受到丈夫的重要性了。

(3), (4)에서 본동사는 심리동사인 '읽다', '알다'와 같이 그 자체가 '정도성'의 의미를 가지고 있어 넓은 의미에서 보면 이런 동사 자체가 [진행]

의 상적 의미를 가지고 있다고 볼 수 있다. (3)에서 '책을 다 읽어 가는 것'은 책을 처음부터 조금씩 읽으며 끝까지 읽어가는 과정을 '-아/어 가 다'로 나타낸다. (4)에서 '나도 이제 남편의 필요성을 점점 알아가는 것' 은 남편의 중요성에 대해 모르는 상태에서 점점 필요성에 대한 인식의 정도가 높아지고 있다. 보조용언 '-아/어 가다'는 '진행의 정도성'을 나타 내 주는 의미 자질을 가지고 있다고 볼 수 있다.

보조동사 '-아/어 가다'가 점진성 부사나 양태부사와 공기(共起)[2]하 면 [진행]의 의미를 더욱 분명하게 나타낸다.

> (5) 오랫동안 묵혀 두었던 일들이 (점점/조금씩) 해결되어 간다.
> 　　拖了很久的事情正在一點點解決。
> (6) 오랫동안 묵혀 두었던 일들이 잘 해결되어 간다.
> 　　拖了很久的事情要被妥善解決了。

(5)에서 점진성을 가진 부사 '점점/조금씩'과 공기하여 '오랫동안 묵혀 두었던 일들이 해결되는 것'이 진행되어 간다는 것을 명확하게 나타내 고 있다. (6)에서 양태부사 '잘'과 공기하여 '오랫동안 묵혀 두었던 일들 이 해결되는 것'이 분명하게 잘 되어 간다는 [진행]의 의미를 나타낸다.

---

2) 형태(形態), 형태소, 음(音), 음소 따위가 문법적으로 벗어나지 않고 동일한 문 장, 구, 단어 안에서 나타나는 것. 예를 들어 '거기에 그가 산다'는 올바른 문장이 지만, '거기에 학교가 산다'는 옳지 못한 문장이다. 따라서 '그'와 '산다'는 공기 (共起) 관계를 가지나, '학교'와 '산다'는 공기 관계를 갖지 않는다. 국립국어원 『표준국어대사전』참고.

② [+상태 변화 지속]

보조용언 '-아/어 가다'는 선행하는 상태동사와 결합하여 [+상태변화 지속]의 의미를 나타낸다.

(7) 요즘 동생 몸이 점점 말라 간다.
　　弟弟最近身体越来越瘦了。
(8) 꽃이 시들어 간다.
　　花渐渐凋谢了。

(7)에서 본용언은 형용사 중 주로 변화의 자질을 가진 것과 결합이 가능하다. 그 원인은 보조동사 '-아/어 가다'에 의해 항상 형용사의 의미를 변화시키고 있기 때문이다. (7)에서 '동생이 요즘 몸이 말라 가는 것'은 시간이 갈수록 '상태 변화가 지속'됨을 나타낸다. (8)에서 '꽃이 시들어 가는 것'도 '상태 변화가 지속되고 있음'을 의미한다. 여기서 선행 형용사 자체가 상태의 자질과 속성을 가지고 있어서 보조동사 '-아/어 가다'와 결합하면 '상태 변화 지속'의 의미를 나타낸다.

보조동사 '-아/어 가다'가 본용언 형용사, 점진부사나 정도부사와 공기하면 '상태 변화 지속'의 의미를 더욱 분명하게 드러낸다. 다음의 예문을 살펴보자.

(9) 할머니께서 점점 늙어 가신다.
　　奶奶渐渐变老了。
(10) * 할머니께서 잘 늙어 가신다.

(9)에서 보조동사 '-아/어 가다'는 단순한 지속이 아니다. '할머니께서 늙어 가는 것'이 점진성을 가진 '점점'과 결합되어 '더욱 늙어 가는 모습'이 '상태 변화 지속'을 드러낸다. 그러나 (10)에서 '할머니께서 늙어 가는 모습'이 양태부사 '잘'과 공기 하지 못한다는 것을 알 수 있다. 이것은 선행하는 상태동사가 어떤 성질이나 상태를 가지고 있어 양태부사 '잘'과 의미 충돌을 일으키기 때문이다. 따라서 보조용언 '-아/어 가다'가 선행 상태동사와 결합할 때는 점진성을 가진 부사와의 공기가 자연스럽다. 그 이유는 보조동사 '-아/어 가다'가 선행용언인 상태동사의 상태가 변화하는 과정을 나타내면서 점진부사와 공기하여 더욱 확실하게 '상태 변화 지속'의 의미를 드러내기 때문이다.

2) 양태적 의미

김지은(1998:35)에서는 양태 용언을 크게 화자 중심의 양태 용언과 주어 중심의 양태 용언으로 나누어 살핀 바 있다. 다음에 '-아/어 가다'의 양태 의미를 살펴보자.

① [+긍정적 평가]

화자는 서술하는 내용에 대하여 [+긍정적 평가]를 나타내는 것이다.

(11) 내 동생은 반 등수가 학기마다 올라 간다.
我弟弟的名次每个学期都在提高。
(12) 경제가 점점 회복되어 간다.
经济在恢复。

(11)에서의 '반 등수가 올라가는 것'과 (12)에서의 '경기가 점점 회복되어 가는 것'은 화자가 서술하는 내용에 대하여 바람직하다고 인식하는 것이다. (11)에서 선행동사 '오르다'는 이동 자동사이고 보조동사 '-아/어 가다'와의 결합으로 화자의 [+긍징직 평가]를 하고 있다. (12)에서 '경기가 회복되어 가는 것'은 화자가 원하는 바이기 때문에 자연스러운 문장이 성립된다. 따라서 보조동사 '-아/어 가다'는 화자가 바람직하다고 판단하여 [+긍정적 평가]를 하고 있는 것을 알 수 있다.

② [−긍정적 평가]

화자는 서술하는 내용에 대하여 [+긍정적 평가]만을 나타내는 것은 아니다. [−긍정적 평가]를 나타내기도 한다.

> (13) 꽃이 다 시들어 간다.
> 花都凋谢了。
> (14) 나무가 죽어 간다.
> 树渐渐死了。

(13)에서 서술하는 내용에 대해 화자는 [−긍정적 평가]를 바라지 않고, 바람직하지 않다고 판단하고 있음을 알 수 있다. 즉 '꽃이 점점 시들어 간다'의 의미는 '꽃이 펴야 하는데 점점 시들어 간다'로 화자는 이 현상을 비교적 바람직하지 않다고 판단했기 때문에 보조동사 '-어 가다'와 결합하였다.

(14)에서 '나무가 죽어 가는 것'에 대해서도 화자는 덜 바람직하다고 평가하고 있다. 즉 화자는 서술하는 내용에 대해 [−긍정적 평가]를 하고

있는 것을 알 수 있다.

2.1.2. 보조용언 '―아/어 오다'의 의미 분석

본동사 '오다'의 사전 의미는 '어떤 사람이 말하는 사람 혹은 기준이 되는 사람이 있는 쪽으로 움직여 위치를 옮기다'이다. 즉 '오다'의 기본 의미는 '이동'이라고 해석할 수 있다. 보조동사 '―아/어 오다'의 사전적 의미는 "앞말의 뜻하는 상태나 행동이 화자 또는 화자가 정하는 기준 점으로 가까워지면서 지속적으로 진행됨을 나타낸다."이다.

본고에서는 '―아/어 오다'의 기본 의미를 '―아/어 가다'와 마찬가지로 '지향적 변이'로 본다. '지향적 변이'는 보조동사 '―아/어 오다'에 의해 기 준점과 가까워지는 '진행'을 의미한다.

1) 상적 의미

최현배(1937), 이기동(1997), 박선옥(2002:98) 등은 '―아/어 오다'의 상 적 특성을 의미론적 차원에서 다루었다. 본고에서는 보조동사 '―아/어 오다'를 도달할 목표점을 지향하는 [+진행]과 [+상태 변화 지속]의 의미를 나타낸다고 본다.

① [+진행]

아래의 예문을 통해 '―아/어 오다'가 쓰인 구문에서 '진행'의 의미를 살펴보자.

(15) 그는 이 직장에서 30년이나 일해 왔다.

　　他在單位里30年來一直這樣工作着。

(16) 그는 지금까지 아픔을 잘 견뎌 왔다.

　　他一直到現在一直克服着痛苦。

(15)에서는 '그가 30년 전부터 지금까지 계속 일하고 있다'라는 '진행상'의 의미를 나타낸다. (16)에서는 '지금까지 아픔을 견뎌 왔다'라는 '진행상'의 의미를 드러낸다. 즉 '진행상'의 의미는 '어떤 시간을 기준으로 시간적인 목표점을 가지고 있다'이다.

② [+상태변화 지속]

보조용언 '-아/어 오다'가 쓰인 문장에서 본동사가 형용사일 경우 보조동사 '-아/어 오다'에 의해 '상태변화 지속'의 의미를 나타낸다.

(17) 날이 서서히 밝아 온다.

　　天漸漸亮了。

(18) 밤이 어두워 온다.

　　夜越來越暗了。

(17)에서 '날이 밝아 오는 것'은 갑자기 어두운 상태에서 밝은 상태로 변하는 것이 아니고, 보조동사 '-아/어 오다'를 통해 날이 밝아 오는 과정과 상태 변화를 드러낸다. (18)에서 '밤이 어두워 온다'도 보조동사 '-아/어 오다'와 결합하여 어두운 상태가 변화되는 과정을 나타낸다. 즉 '-아/어 오다'는 '상태 변화 지속'의 의미를 나타내며 '-아/어 오다'의 선행동사가 변화의 자질을 가지는 형용사이면 결합이 대부분 가능하다.

2) 양태적 의미

보조용언 '-아/어 오다'는 양태 의미를 드러내지 않는다고 본다. 그러나 화용상의 맥락에서 본동사의 동사나 주어의 종류에 따라 화자의 위치, 목표점과 지향점을 예상할 수 있다. 다음 예문을 살펴보자.

(19) 날이 점점 밝아 온다.
　　　天越來越亮了。

(19)에서 본동사가 형용사 '밝다'인데 보조동사 '-아/어 오다'와 결합하면 자연스럽다. 이때 보조동사 '-아/어 오다'는 상적 의미만 드러나고 양태적 의미는 드러나지 않는다. 왜냐하면 보조동사 현재를 기준으로 '-아/어 오다'의 기준점은 어느 기준점에서 또는 과거를 기준으로 하여 현재까지를 나타내기 때문에 '진행, 상태변화 지속'의 상적 의미만 나타난다.

2.2. 종결 보조용언의 의미 분석

종결 보조용언 중에 '-고 말다'는 중국어에서 명확하게 대응되는 표현이 없다. 이 보조용언이 문장에서 나타내는 상적 의미와 양태적 의미를 분석할 필요가 있다.

2.2.1. 보조용언 '―고 말다'의 의미 분석

본동사 '말다'의 사전적 의미는 "할 일을 그만 두다"이다. 보조동사 '말다'의 사전적 의미는 "일을 이루어 낸 네 내하여 부정적이고 아쉬운 느낌 또는 긍정적인 생각이 있음을 나타낸다, 앞말이 뜻하는 행동이 마침내 실현됨을 나타내는 말"이라고 하고 있다. 본고는 보조동사 '―고 말다'의 기본 의미를 [완료]로 보고, 본동사 '말다'의 기본 의미를 '중단'으로 본다.

1) 상적 의미

① [+종결]

본고에서 보조동사 '―고 말다'의 기본 의미는 '완료'이다. 보조동사로 쓰일 때 [+종결]의 상적 의미를 나타낸다. 다음 예를 살펴보자.

> (20) 그와 나는 마주 보고 웃고 말았다.
> 他和我互相看着笑了。
> (21) 조카가 남은 밥을 다 먹고 말았다.
> 侄子把剩下的飯都吃掉了。

(20)에서 '그와 내가 마주 보고 웃은 행위'가 보조동사 '―고 말다'에 의해 '서로 얼굴을 보고 웃었다'라는 '종결'의 의미를 나타낸다. 이때 화자의 태도까지 '종결'되었음을 나타낸다. (21)에서는 '조카가 남은 밥을 다 먹었다는 행위'가 보조동사 '―고 말다'에 의해 '종결'되었음을 알 수 있다. 이때 화자의 태도까지 '종결'되었음을 나타낸다.

2) 양태적 의미

① [+긍정적 평가], [-긍정적 평가]

보조동사 '-고 말다'를 사용한 구문은 화용적 맥락에서 화자가 명제 내용에 대해 [+긍정적 평가]와 [-긍정적 평가]의 의미를 모두 나타낼 수 있음을 알려준다.

> (22) 기차가 부산으로 떠나고 말았다.
>
>   火车离开去釜山了。

(22)에서는 중의적 해석이 가능하다. 화자가 '기차가 부산으로 떠나지 않기를 바라고 있었는데 기차가 떠나 버렸으면' 화자가 [-긍정적 평가]를 하여 [실망 또는 '아쉬움'의 의미를 나타낸다. 그러나 화자가 '기차가 부산으로 떠나기를 기다렸으면' 이는 [+긍정적 평가]를 하여 [부담 제거]의 의미를 드러낸다.

2.3. 보유 보조용언의 의미 분석

보유 보조용언 중에 '-아/어 두다, -아/어 놓다'는 중국어에서 명확하게 대응되는 표현이 없다. 그러므로 이 보조용언들이 문장에서 나타내는 상적 의미와 양태적 의미를 분석할 필요가 있다.

2.3.1. 보조용언 '–아/어 두다'의 의미 분석

본동사 '두다'의 사전적 의미는 "어떤 상황이나 상태 속에 놓다, 일정한 곳에 놓다"이다. 보조동사 '–아/어 두다'의 사전적 의미는 "앞말이 뜻하는 행동을 종료하고 그 결과를 유지함"을 나타내는 말이다. 주로 앞말의 행동이 어떤 다른 일에 대비하기 위한 것일 때 쓰는 경우가 많다. 손세모돌(1996:175)에서 보조동사 '–아/어 두다'의 기본 의미는 [결과 지속], 박선옥(2002:122)에서는 그 기본 의미의 [유지]로 보았다. 본고에서는 최현배(1937)의 관점에 따라 그의 기본 의미를 [보유]로 보았다.

1) 상적 의미

① [+결과 지속]

보조용언 '–아/어 두다'는 [결과 지속]의 상적 의미를 나타낸다. 아래의 예문을 살펴보자.

> (23) 선생님은 학생들의 이름을 하나하나 기억해 두었다.
>   老師把每個學生的名字都記下了。
> (24) 오늘 저녁은 못 먹을 테니 미리 많이 먹어 둬.
>   今天晚上吃不了飯，都多吃點。
> (25) *꽃이 매일 피어 두었다.

(23)에서 본동사 '기억하다'는 단순한 결과일 뿐이지만, 보조용언 '–아/어 두다'와 결합하여 [결과 지속]의 의미를 드러낸다. (24)에서는 '먹는

행위'가 보조용언 '-아/어 두다'와 결합하여 '먹고 나서 계속 유지하다'라는 의미를 나타낸다. 즉 '결과 지속상' 의미를 드러내는 것이다. (25)에서 본동사 '피다'는 자동사이고 문장의 행위주가 [-유정물]이며 보조동사 '-아/어 두다'와 결합하면 비문법적이 된다. 보조동사 '-아/어 두다'는 행위주가 [+유정물]일 때만 '지속'의 의미를 나타낼 수 있기 때문이다.

또한, 보조용언 '-아/어 두다'는 '긴 시간의 지속'의 의미를 나타낸다. 예를 살펴보자.

(26) 편지를 써 둔 지가 오래되었지만 아직 부치지 않았다.
　　信已經寫好很長時間了，但是還沒寄出去。

(26)에서는 '편지를 쓴 지 오래되었다'고 하였는데 본동사 '쓰다' 뒤에 보조동사 '-아/어 두다'를 붙였다. 이 보조동사 '-아/어 두다'는 '긴 시간의 지속'의 의미를 드러낸다.

2) 양태적 의미

① [+미리 준비]

보조동사 '-아/어 두다'는 대부분 학자들이 [미리 준비], [대비]의 양태 의미를 가지고 있다고 본다. 본고는 [미리 준비]로 본다.

(27) 내일 경기를 위해 잘 먹고 잘 쉬어 둬라.
　　為了明天的比賽，好好吃好好休息。
(28) 내일 시험을 위해 일찍 자 둬.

為了明天的考試早點睡。

(27)에서는 본동사 '쉬다'가 보조동사 '-아/어 두다'에 의해 내일 경기를 위해 미리 준비한다는 의미가 두드러지게 나타난다. (28)도 마찬가지로 본동사 '자다'가 보조동사 '-아/어 두다'에 의해 [미리 준비]의 의미가 나타난다. 따라서 '-아/어 두다'는 [+미리 준비]의 양태적 의미를 가지고 있다 본다.

② [+긍정적 평가]

보조동사 '-아/어 두다'는 화자의 판단에 의해 [+긍정적 평가] 의미를 나타낸다. 예를 살펴보자.

(29) 내 친구는 어렸을 때부터 저축을 많이 해 두었다.
我的朋友從小就開始攢了很多錢。

(29)에서는 '-아/어 두다'를 사용함으로써 '화자는 내 친구가 저축을 많이 한 것'에 대해 [+긍정적 평가]를 하고 있다는 것을 알 수 있다. 즉 행위주인 내 친구가 미래를 위해 꾸준히 돈을 모으고 있었고 화자는 [+긍정적 평가]를 하여 '만족함'의 의미를 드러내고 있다. 따라서 보조동사 '-아/어 두다'는 [+긍정적 평가]의 의미를 나타낸다.

2.3.2. 보조용언 '-아/어 놓다' 의미 분석

본동사 '놓다'의 사전적 의미는 "손으로 무엇을 잡거나 쥐거나 누르고 있는 상태에서 힘을 빼거나 손을 펴서 잡고 있던 물건을 손 밖으로 빠져 나가게 하다"라고 하고 있다. 본고에서는 본동사 '놓다'의 기본 의미를 '두다'와 마찬가지로 [보유]로 본다. 보조동사 '-아/어 놓다'의 사전적 의미는 "본동사가 행위동사일 때 앞말이 뜻하는 행동을 끝내고 그 결과를 유지함을 나타내는 말이고, 본동사가 형용사일 때 앞말이 뜻하는 상태의 지속을 강조하는 말이다"라고 하고 있다. 본고에서는 보조동사 '-아/어 놓다'의 기본 의미를 '보유'로 본다.

1) 상적 의미

보조동사 '-아/어 놓다'를 [보유]로 본 사람은 최현배(1937)이다. [상태 유지]로 본 견해는 이관규(1986), 손세모돌(1994), 박선옥(2002) 등이 있으며 [종결 완료]로 보는 사람은 박덕유(2007)이다. 박선옥(2002)에서는 보조동사 '두다'와 '놓다'의 기본 의미를 [유지]로 보았으며 본동사의 행위 완료 후의 상태 지속상 의미를 가진다고 했다. 또한, '놓다'는 '두다'에 비하여 짧은 시간의 지속이이라고 했다. 박덕유(2007)에서 '-어 두다'와 '-어 놓다'는 미리 대비함으로써 든든함을 갖는데 '-어 놓다'는 '-어 두다' 보다 선택적 제약을 받는다고 했다. 본고에서 보조동사 '-아/어 놓다'의 의미는 [결과 지속]으로 본다.

① [+결과 지속]

보조동사 '-아/어 놓다'의 상적 의미는 '결과 지속'을 나타낸다. 다음의 예문을 살펴보자.

(30) 보고서는 이미 작성해 놓았지만 언제 제출해야 할지 모르겠다.
报告书已经写好了，但还不知道什么时候交。
(31) 더우니 문을 열어 놓아라.
太热了，把门打开吧。

(30)에서는 '작성하다'라는 행위가 이미 완료되었음을 알 수 있다. 보조동사 '-아/어 놓다'와 결합하여 그 결과가 지속됨을 알 수가 있다. 그래서 보조동사 '-아/어 놓다'는 [결과 지속]의 의미가 드러난다. 또한 단순한 동작의 결과가 지속된 것이 아니라 화자의 심리태도까지 지속됨을 나타낸다. (31)에서는 '열다'라는 행위가 완료되면 문이 열리는 상태로 되고 그 상태가 지속되기를 바라는 화자의 태도를 나타내기 위해 보조동사 '-아/어 놓다'를 사용해서 표현을 했다. 따라서 보조동사 '-어/어 놓다'는 '결과 지속'의 의미를 나타낸다.

2) 양태적 의미

① [+미리 준비]

보조동사 '-아/어 놓다'는 '-아/어 두다'와 같이 [+미리 준비]의 양태적 의미를 가지고 있다. 예문을 살펴보자.

(32) 건강을 유지하기 위해 보약을 먹어 놓았다.
为了健康吃了补药。
(33) 오늘 수업을 못한다고 이미 조교에게 전화를 해 놓았다.
给助教打电话了说今天不能上课了。

(32)에서 '보약을 먹는 행위'는 건강을 유지하기 위한 것이었다. 건강을 유지하기 위해 미리 준비한다는 의미가 있는데 그것을 보조동사 '-아/어 놓다'에 의해 나타냈다. 즉 '미리 준비'한다는 의미 자질을 보조동사 '-아/어 놓다'가 가지고 있는 것으로 볼 수 있다. (33)에서는 '수업을 못한다고 조교에게 전화를 하는 행위'는 보조동사 '-아/어 놓다'에 의해 다른 일을 위해 미리 준비한다는 의미를 드러낸다. 따라서 보조동사 '-아/어 놓다'는 [+미리 준비]라는 양태적 의미를 가지고 있다.

② [+긍정적 평가]

보조동사 '-아/어 놓다'가 쓰인 구문은 보통 화자의 [+긍정적 평가]를 나타낸다. (34)에서는 선행동사 '먹다'가 보조동사 '-아/어 놓다'와 결합한다. 즉 보조동사에 의해 화자는 건강 유지를 위해 보약을 먹고 준비해 두는 것에 대한 [+긍정적 평가]를 하고 있다. (35)에서 본동사 '하다'는 보조동사에 의해 화자가 '전화를 하는 일'이 미래를 생각해서 한 올바른 행동임을 알 수 있다. 따라서 보조동사 '-아/어 놓다'는 [+긍정적 평가]의 의미를 나타낸다.

2.4. 반복 보조용언의 의미 분석

반복 보조용언 중에 '-아/어 쌓다, -아/어 대다'는 중국어에서 명확하게 대응되는 표현이 없다. 그러므로 이 보조용언들이 문장에서 나타내는 상적 의미와 양태적 의미를 분석할 필요가 있다.

2.4.1. 보조용언 '-아/어 쌓다'의 의미 분석

최현배(1977:403)에서 보조동사 '쌓다'는 "힘줄 도움움직씨"라고 했다. 다른 말로 하면 강세 보조동사라고 해석할 수 있다. 이관규(1986:56)에서는 '강세, 강세의 비유적 용법'과 어느 정도 부정적 평가의 의미를 가지고 있다고 보았다. 본동사 '-쌓다'의 사전적 의미는 "다수의 물건을 겹겹이 포개어 얹어 놓다"라고 하고 있다. 보조동사 '-아/어 쌓다'의 사전적 의미는 "앞말이 뜻하는 행동의 정도가 심하거나 반복함을 나타내는 말"이라고 하고 있다. 보조동사 '-아/어 쌓다'의 기본 의미는 [반복]의 의미를 가진다.

1) 상적 의미

① [+연속 반복]

보조동사 '-아/어 쌓다'를 [반복]으로 본 이금희(1996:75)에서는 이를 '반복적인 행동이나 지속'을 나타낸다고 보았다. 본고에서는 보조동사 '-아/어 쌓다'의 의미를 '행동의 지속상'으로 본다. 그리고 시간 부사어나 빈도 부사어와 공기하면 '연속 반복상' 즉 [반복]의 의미가 더욱 분명하게 드러낸다. 다음의 예를 살펴보자.

> (36) 엄마가 떠난 후 그 아이가 계속 울어 쌓는다.
>   媽媽離開后那個小孩總是哭。

(36)에서 '그 아이가 우는 행동'은 보조동사 '-아/어 쌓다'와의 결합의 의해 '행동의 지속상'을 나타낸다. 그리고 부사어 '계속'과 공기하여 '연속 반복'의 의미를 더욱 뚜렷하게 드러낸다.

2) 양태적 의미

① [+강세]

많은 기존 연구들은 보조동사 '-아/어 쌓다'를 [강세]의 의미로 보고 있다. 본고도 '-아/어 쌓다'가 [+강세]의 양태적 의미를 나타낸다고 본다. 아래 예문을 살펴보자.

(37) 우리 할아버지는 매일 술만 마셔 쌓는다.
　　　我爷爷每天只喝酒。
(38) 그렇게 동생을 놀려 쌓으면 못 쓴다.
　　　这样耍弄弟弟是不可以的。

(37)에서 '우리 할아버지가 술만 마시는 행위'가 보조동사 '-아/어 쌓다'와 결합하여 어떤 강조의 의미를 나타낸다. 보조동사 '-아/어 쌓다'는 시간부사어 '매일'과 공기하여 술 마시는 행위가 더욱 [강세]로 나타난다. (38)에서 '동생을 놀리는 행위'가 '-아/어 쌓다'에 의해 더욱 '강세'의 의미를 나타낸다. 그래서 '-아/어 쌓다'는 [+강세]라는 양태적 의미를 가진다고 볼 수 있다.

② [+정도 심함]

보조동사 '-아/어 쌓다'의 또 하나의 양태적 의미는 '정도가 심한 것'을 나타낸다. 다음 예를 살펴보자.

(39) 너는 왜 하루종일 짜증을 내 쌓냐?
你为什么一整天发火。
(40) 너는 이렇게 놀아 쌓아 걱정이다.
你总是这么玩，真让人担心。

(39)에서는 '짜증을 내는 행위'가 보조동사 '-아/어 쌓다'에 의해 반복되어 '정도가 심함'을 나타낸다. (40)에서는 본동사 '놀다'에서 노는 행위가 '-아/어 쌓다'에 의해 반복되어 정도가 심함을 드러낸다.

③ [+긍정적 평가], [-긍정적 평가]

보조동사 '-아/어 쌓다'는 맥락에 따라 화자의 [+긍정적 평가]와 [-긍정적 평가]를 나타낸다.

(41) 림림이가 춤을 잘도 추어 쌓는다.
琳琳跳舞跳得很好。

(41)에서는 '림림이가 춤을 잘 추는 행위'가 어떤 정도를 지나쳐 [-긍정적 평가], 즉 '비하'의 화용론적 의미를 나타낼 수 있다. 반대로 보면 만약에 '림림이가' 어떤 귀여운 꼬마이면 '림림이가 춤을 잘도 추는 행위'는 화자에게 [+긍정적 평가]일 수도 있다. 즉 화용적 맥락에서 화자가 [+긍정적 평가]를 나타낼 때는 '칭찬'의 의미를 [-긍정적 평가]를 나타낼

때는 '비하'의 의미를 가진다.

2.4.2. 보조용언 '—아/어 대다'의 의미 분석

본동사 '—아/어 대다'의 사전적 의미는 "정해진 시간에 닿거나 맞추다", "어떤 것을 목표로 삼거나 향하다"라고 하고 있다. 그래서 본동사 '대다'의 기본 의미는 [접촉이다. 보조동사 '—아/어 대다'의 사전적 의미는 "앞말이 뜻하는 행동의 정도가 심하거나 반복함을 나타내는 말"이라고 하고 있다. 따라서 본고는 보조동사 '—아/어 쌓다'의 기본 의미를 [반복]으로 본다.

1) 상적 의미

① [+연속 반복]

권순구(2005)에서는 상 의미를 갖는 용언 가운데 미완료의 의미를 갖는 보조용언 중에 '대다'와 '쌓다'는 '반복'의 의미를 갖는다고 했다. 본고는 보조용언 '—아/어 대다'가 [+연속 반복]의 상적 의미를 갖는다고 본다.

(42) 그는 습관적으로 다리를 떨어 대었다.
　　 他习惯性的抖腿。
(43) 위층 사람들이 떠들어 대는 바람에 나는 한숨도 잘 수가 없었다.
　　 楼上的人太吵了，我一点都没睡。
(44) 엄마는 동생에게 옷을 입혀 댄다.
　　 妈妈给弟弟穿衣服。

(42)에서 '그는 습관적으로 다리를 떠는 행위'에 대해 보조동사 '-아/어 대다'는 '연속 반복상', 즉 [반복]의 의미가 나타내고 있다. (43)에서는 '떠들다'라는 행위는 보조동사 '-아/어 대다'에 의해 [반복]의 의미와 [행위 시속]의 의미를 나타낸다. (44)에서 본동사는 사동형동사 '입히나'이며, [반복]의 의미를 나타내는 보조동사 '-아/어 대다'와 결합할 때 자연스럽다.

다음의 예문처럼 정도가 강한 부사어와 공기하여 '연속 반복상'의 의미를 더욱 강하게 나타낸다.

(45) 그는 동생을 매일 놀려 댄다.
他每天要弄弟弟。

(45)에서는 '그는 동생을 매일 놀려 댄다'에서 시간부사어 '매일'과 공기하여 '행위 지속상', 즉 [반복]의 의미를 분명하게 드러낸다.

2) 양태적 의미

① [+강세]

보조동사 '-아/어 대다'를 [강세]로 본 사람은 최현배(1971), 이관규(1986) 등이 있다. 본고에서는 보조동사 '-아/어 대다'를 화자의 심리 태도에 따라 [강세]의 의미를 나타낸다고 본다.

(46) 위층 사람들이 방에서 떠들어 댄다.
楼上的人在房间里吵闹。

(46)에서 본동사 '떠들다' 자체가 [반복]의 의미를 가지고 있다. 그러나 보조동사 '-아/어 대다'와 결합하여 [반복]에 의해 [강세]의 의미가 드러난다. 이런 경우에는 [강세]에 의하여 [반복]의 의미가 일어나는 것은 아니다.

② [+정도 심함]

강세 의미에서 지속적인 동작과 행위의 반복은 화자의 판단에서 '정도의 심함'으로 표현된다. 이런 경우에는 강한 정도 부사어와 결합이 가능하지만 정도가 약함을 나타내는 부사어와 결합하면 비문이 되거나 부자연스러운 문장이 된다.

(47) 동생이 배가 아파 (마구/ *조금) 울어 댄다.
弟弟肚子疼, 一直哭。

(47)에서 '동생이 배가 아파 울어 댄다'는 양태부사 '마구'와 공기하여 더욱 '정도가 심함'을 화자는 말해 주고 있다. 그러나 정도부사 '조금'과 공기하면 비문이 된다. 그 이유는 정도가 약함을 나타내는 정도부사와 보조동사 '-아/어 대다'와 서로 의미 충돌이 일어나기 때문이다. 따라서 보조동사 '-아/어 대다'는 [+정도가 심함]이라는 양태 의미를 가지고 있다는 것을 알 수 있다.

③ [+긍정적 평가], [-긍정적 평가]

일반적으로 보조용언 '-아/어 대다'가 들어가는 문장은 화자의 [-긍정적 평가]의 의미를 가진다. 그러나 상황에 따라 발화 내용에 대하여 [+긍정적 평가를 할 때도 있다. 다음의 예문을 살펴보자.

(48) 그 개는 큰 소리로 짖어 댄다.
那个狗大声叫。

(48)에서는 행위 자동사 '짖다'와 보조동사 '-아/어 대다'의 결합이 문법적이다. 개가 큰 소리로 짖는 행위가 집을 지키기 위한 것이면 화자의 입장에서는 [+긍정적 평가]를 할 수 있다. 그러나 그 개는 주인한테도 큰 소리로 짖는다면 화자의 [-긍정적 평가]를 할 수도 있다. 따라서 보조용언 '-아/어 대다'는 화자의 심리태도에 따라 [+긍정적 평가]일 수도 있고 [-긍정적 평가]일 수도 있다.

2.5. 강조 보조용언의 의미 분석

강조 보조용언 중에 '-아/어 빠지다'는 중국어에서 명확하게 대응되는 표현이 없다. 이 보조용언이 문장에서 나타내는 상적 의미와 양태적 의미를 분석할 필요가 있다.

2.5.1. 보조용언 '-아/어 빠지다'의 의미 분석

본동사 '빠지다'의 사전적 의미는 "물이나 구덩이 따위 속으로 떨어져 잠기거나 잠겨 들어가다", "곤란한 처지에 놓이다", "그럴듯한 말이나 꾐에 속아 넘어가다", "잠이나 혼수상태에 들게 되다"라는 뜻으로 해석되어 있다. '-아/어 빠지다'를 보조용언으로 본 사람은 이기동(1988), 김명희

(1984), 이관규(1986), 박선옥(2002) 등이 있다. 보조동사 '-어/어 빠지다'
의 사전적 의미는 "앞말의 성질이나 상태가 아주 심한 것을 못마땅하게
여김을 나타내는 말"이라고 해석되어 있다. '-아/어 빠지다'는 주로 양태
의미를 나타내며 선행동사의 성질이나 상태에 대하여 화자의 '부정적인
가치 평가'와 [강조]의 의미를 나타낸다. 본고는 보조동사 '-아/어 빠지'
의 기본 의미를 [강조]로 본다.

1) 양태적 의미

① [+강조]

'-아/어 빠지'를 양태 의미를 가진 것으로 본 사람은 박선옥(2002)이
다. 박선옥(2002)에서는 이의 양태적 의미를 [+강세]와 [-긍정적 평가]라
고 설명하고 있다. 다음의 예문을 살펴보자.

   (49) 그렇게 착해 빠져서 무슨 일을 할 수 있겠니?
      那么善良能作什么事?
   (50) 이 기계는 낡아 빠져서 더 이상 못 쓰겠다.
      这个机器太旧了，不能再用了。

   (49)에서 본동사 '착하다'는 주어의 성질에 대한 단순한 기술이다. 그
러나 보조동사 '-아/어 빠지다'와 결합하면 '착한 정도'가 심한 것을 나타
낸다. (50)에서의 본동사 '낡다'는 주어의 상태에 대한 단순한 기술이다.
그러나 '-아/어 빠지다'로 인해 '낡다'는 정도가 훨씬 심한 것을 나타낸
다. 때문에 '-아/어 빠지다'는 [+강조]의 양태적 의미를 가진다고 할 수

있다.

② [−긍정적 평가]

또한, (49)에서 '착하다'는 주어의 상태성질에 대한 단순한 기술이고, 보조동사 '−아/어 빠지다'와 결합하면 '주어의 착한 성질'에 대하여 화자의 마음에 들지 않고 좋지 않게 평가하는 [−긍정적 평가]의 의미를 드러낸다. (50) 또한 마찬가지로 '−아/어 빠지다'로 인해 화자가 주어의 '낡은 상태'에 대하여 부정적 평가를 하고 있다는 의미를 드러낸다. 때문에 '−아/어 빠지다'는 [−긍정적 가치 평가]의 양태적 의미도 가진다고 할 수 있다.

3 결론

본고는 중국어와 일정한 대응관계가 없는 보조용언들에 대해서 의미 분석을 했다. 주로 상적 의미와 양태적 의미의 두 방면에서 분석하였고 이를 정리하면 〈표 1〉과 같다.

〈표 1〉 중국어와 대응관계 없는 보조용언의 의미

의미별 구분	보조용언	의미 유형	의미 해석
진행	-아 / 어 가다	상적 의미	[+진행], [+상태변화 지속]
		양태적 의미	[+긍정적 평가], [-긍정적 평가]
	-아 / 어 오다	상적 의미	[+진행], [+상태변화 지속]
		양태적 의미	-
종결	-고 말다	상적 의미	[+종결]
		양태적 의미	[+긍정적 평가], [-긍정적 평가]
강조	-아/어 빠지다	상적 의미	-
		양태적 의미	[+강조], [-긍정적 평가]
보유	-아 / 어 놓다	상적 의미	[+결과 지속]
		양태적 의미	[+미리 준비], [+긍정적 평가]
	-아/어 두다	상적 의미	[+결과 지속]
		양태적 의미	[+미리 준비], [+긍정적 평가]
반복	-아/어 쌓다	상적 의미	[+연속 반복]
		양태적 의미	[+강세], [+정도 심함], [+긍정적 평가], [-긍정적 평가]
	-아/어 대다	상적 의미	[+연속 반복]
		양태적 의미	[+강세], [+정도 심함], [+긍정적 평가], [-긍정적 평가]

중국인 학습자들이 위와 같은 보조용언을 이해하기 힘든 가장 큰 이유는 중국어에 대응하는 표현이 없기 때문으로 추정된다. 만약 강의 시간에 교사가 이 보조용언들이 가지고 있는 상적 의미와 양태적 의미를 교재의 예문을 통해 제시하고 설명하면 학습자들의 이해에 도움이 될 것이라고 생각한다. 그리고 위와 같은 보조용언의 의미 분석 결과가 앞으로 한국어 교재개발 및 교육현장에 도움이 될 수 있기를 바란다.

참고문헌

고영근(1993), 『중세국어의 시상과 서법』, 탑출판사.

권순구(2005), 「국어 보조용언의 연구」, 충남대학교 박사학위논문.

김명희(1984), 「국어 동사구 구성에 나타나는 의미관계 연구」, 이화여자대학교 박사 학위논문.

김성태(1997), 『현대국어 보조용언 연구』, 문창사.

김성화(1990), 『국어의 상 연구』, 한신문화사.

_____(1992), 『국어의 상 연구』, 한신문화사.

김영태(1998), 「보조용언의 양태 의미」, 『우리말글』 16, 우리말 글학회, 1~16쪽.

_____(2001), 『현대국어 보조용언 연구』, 문창사.

김영희(1993), 「의존 동사 구문의 통사 표상」, 『국어학』 23, 국어학회, 159~190쪽.

김용석(1983), 「한국어 보조동사 연구」, 『배달말』 8, 배달말학회, 1~33쪽.

김은덕(1993), 「학교문법의 보조동사에 관한 연구」, 경상대학교 석사학위논문.

김지은(1998), 『우리말 양태용언 구문 연구』, 서울한국문화사.

민현식(1999a), 『국어문법연구』, 역락.

_____(1999b), 「현대국어 보조용언 처리의 재검토」, 『어문논집』 3, 숙명여대, 53~98쪽.

박덕유(1998), 「국어의 상 종류와 특성에 대하여」, 『새국어교육』 55, 한국국어교육학회, 131~163쪽.

_____(1998), 『국어의 동사상 연구』, 한국문화사.

_____(1999), 「상의 본질적 의미와 동사의 자질에 대한 재고찰」, 『국어학』 33, 국어학회, 177~212쪽.

_____(2000), 「국어 상태동사의 상적 특성」, 『논문집』 23, 한국체육대학, 191~204쪽.

_____(2006), 「행위동사와 완성동사 부류에 나타난 상적 특성」, 『한국학연구』 15, 인하대한국학 연구소, 231~251쪽.

_____(2007), 『한국어의 상 이해』, 제이엔씨.

박선옥(2002), 「국어 보조용언 연구」, 중앙대학교 석사학위논문.

손세모돌(1994), 「국어 보조용언에 대한 연구」, 한양대학교 박사학위논문.

_____(1996), 『국어 보조용언 연구』, 한국문화사.

이관규(1986), 「국어 보조동사 연구」, 고려대학교 박사학위논문.

이금희(1996:75), 「현대 국어 보조동사 연구」, 성균관대학교 석사학위논문.

이기동(1988), 「조동사'보다'의 의미」, 『애산학보』 6, 애산학회, 121~147쪽.

_____(1993), 『A Korean Grammar』, 한국문화사.

최현배(1937), 『우리말본』, 정음사.

2. 중국인 결혼이민자를 위한 한자어 학습 전략 연구

1 서론

　최근 한국의 결혼이민자 수는 나날이 증가하고 있다. 그중 중국인 결혼이민자가 가장 많다. 결혼이민자들의 가정생활 적응에 도움이 될 만한 연구는 어느 정도 진행되어 있는 반면, 취직과 관련된 연구는 아직 미흡한 상황이다. 결혼이민자들의 대부분은 여성이기 때문에 근무 시간이 비교적 자유롭고 가정생활과 직장생활을 함께 할 수 있는 환경의 일자리를 원한다. 때문에 그들이 가지고 있는 자원인 외국어(중국어)를 기반으로 사회활동에 참여할 수 있는 기회가 제공된다면 자신들뿐만 아니라 지역 사회의 이익에도 큰 보탬이 될 수 있을 것이다. 여러 가지 직업이 있겠지만 가장 적합한 일이 '중국어 강사'라고 생각한다.

　그러나 결혼이민자들이 언어, 특히 직업문식성(職業文識性)1)으로 인해 강사의 역할을 수행할 때 많은 어려움을 겪게 된다. 결혼이민자들의 배우자는 대다수 한국인이며 일상회화 능력이 비교적 능숙하지만 중국어 강사로서 필요한 직업능력(職業能力)2)은 매우 부족하다. 강금염(2013)에서 중국인 결혼이민자를 위한 중국어 강사로서의 직업문식성 신장을 목적으로 한 어휘학습 목록을 선정하였다. 선정된 어휘는 총 691개다. 어원별로 분석하면 주로 한자어와 혼종어, 고유어, 외래어 등이 있다. 각 분류별 어휘 비중은 크게 차이가 난다. 한자어는 544개의 많은 수를 나타내고, 고유어는 91개가 있다. 혼종어는 42개가 있고 외래어는 겨우 14개밖에 없다. 한자어는 놀랍게도 79%를 차지하고 있는 반면에 고유어는 13%를 차지하고 있으며, 외래어는 2%밖에 차지하고 있지 않다. 그리고 혼종어는 6%를 차지하고 있다. 특히 선정된 중국어 지식에 관한 전문용어는 100% 한자어이다. 그러므로 한자어를 교육하는 것은 중국어 강사로서의 직업문식성의 향상에 매우 필요한 일이다.

---

1) 직업문식성은 업무를 수행할 때 관련된 텍스트를 읽고 이해하고 문서 작성 능력을 중심으로 의사소통 능력, 업무 수행 능력 등 전면적 소질을 모두 포함하고 있는 새로운 개념이다. 본고에서는 의미의 범주를 기본적인 의미로 좁혀 연구하고자 한다. 기본적인 의미로서의 직업문식성은 텍스트와 상호작용이라 볼 수 있다.

2) 민현식(2010:93)에 의하면 외국어 교육자는 학습자의 모국어를 이해하고 어느 정도 구사할 수 있는 능력 및 관련 지식을 가지고 있어야 한다고 했다. 따라서 중국인 결혼이민자가 한국인을 대상으로 중국어를 가르칠 때 어느 정도 한국어 구사를 할 수 있는 능력 및 중국어 관련 지식을 가지고 있어야 한다. 결혼이민자는 한국어 구사 능력이 보편적으로 큰 문제가 없지만 중국어 관련 지식, 특히 한국어로 중국어 관련 지식을 가르치는 능력이 매우 부족하다.

학습내용 분석

2.1. 한자어의 위치

한국어 어휘 부류는 주로 한자어, 고유어, 외래어, 그리고 혼종어가 있는데 그중에서 한자어가 가장 큰 비중을 차지하고 있다. 따라서 한자어는 한국어 어휘에서 매우 중요한 위치를 차지하고 있다. 특히 문식성을 신장시키는 데에 한자어의 필요성은 더욱 중요하다.

본고에서 선정된 어휘를 분류하면 주로 한자어, 고유어, 혼종어, 그리고 외래어가 있다. 한자어는 544개로 전체 어휘의 큰 비중인 79%를 차지하고 있다. 고유어는 91개로 선정된 어휘의 13%를 차지한다. 그 외에 고유어는 42개로 전체 어휘의 6%를 차지하고 있으며, 외래어는 14개로 전체 어휘의 2%를 차지하고 있다.[3] 어원별로 선정된 어휘를 분석하면 〈그림 1〉과 같다.

---

3) 어원별 어휘 분류 목록은 부록에 제시되어 있다.

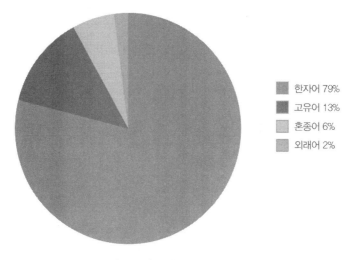

<그림 1> 어원별 어휘 분포

2.2. 한자어의 분류와 특징

본고에서 한자어 분류는 한국어 어휘에서의 모든 한자어를 의미하지는 않는다. 본고의 연구 대상은 선정된 특수 분야의 한자어이다. 따라서 본고에서 한자어의 분류와 특징을 일반화하지 않으며 오직 선정된 한자어에만 적용된다.

본고에서는 한자어를 먼저 음절의 수에 따라 크게 단음절 한자어와 다음절 한자어로 분류할 것이다. 다음으로 한자어의 세부 특징을 구체적으로 분석할 때 학습자가 중국인이라는 것을 고려하여 중국인의 입장에서 한자어와 중국어가 어떤 관계를 형성하는지에 초점을 두어 분석할 것이다. 우선, 음절수에 따라 단음절 한자어와 다음절 한자어로 나눌 수 있다.

2.2.1. 단음절 한자어

〈표 1〉 단음절 한자어(16)

각(各), 년(年), 예(例), 일(日), 총(總), 절(節), 과(課), 번(番), 반(班), 성(姓), 성(聲), 월(月), 주(周), 편(篇), 등(等), 부(部)

본고에서 선정된 대부분 단음절 한자어는 지금 중국에서 사용하고 있는 한자의 의미와 동일하다. 이 단음절 한자어와 한자를 병기하면 중국인은 무슨 의미인지 추측할 수 있을 것이다. 단 '번(番)'은 지금도 횟수라는 의미를 지니고 있지만 그보다 '次'라는 한자가 더 보편적으로 쓰인다. 이처럼 한자어와 중국어 어휘의 형태 및 의미가 모두 같은 어휘를 동형동의어(同形同義語)라고 한다. 반면에 한자어와 중국어 어휘에서 형태가 같지만 의미가 다른 어휘를 동형이의어(同形異義語)라고 한다. 본고에서 선정된 단음절 한자어는 모두 동형동의어라 할 수 있다.

2.2.2. 다음절 한자어

두 개 이상의 한자 형태소로 구성된 한자어를 다음절 한자어라고 한다. 다음절 한자어는 총 528개로 분량이 많아서 일부만 〈표 2〉로 제시한다. 모든 어휘는 부록에서 제시하겠다.

<표 2> 다음절 한자어(528)

가능 (可能)	강세 (强勢)	건배 (乾杯)	경성 (輕聲)	권설음 (捲舌音)	명령문 (命令文)
가정 (假定)	강의 (講義)	견해(見解)	경어 (敬語)	녹음 (錄音)	반삼성 (半三聲)
각자 (各自)	강조 (强調)	결과 (結果)	경험 (經驗)	단계 (段階)	번체자 (繁體字)
간체자 (簡體字)	개강 (開講)	결석(缺席)	계획서 (計劃書)	동량보어 (動量補語)	복운모 (復韻母)
감정 (感情)	개사 (介詞)	결합(結合)	관용어 (慣用語)	만리장성 (萬里長城)	부정형 (否定形)

다음절 한자어를 세부적으로 분석해 보면 ① 한자의 형태와 의미가 중국어와 같은 동형동의어, ② 한자의 형태는 같지만 다른 의미로 쓰인 동형이의어, ③ 같은 의미를 갖지만 중국어와 전혀 다른 한자 형태로 구성된 이형동의어, ④ 한자 형태와 의미는 같지만 순서만 바뀐 도치어, ⑤ 한국에서 일반적으로 쓰이지 않지만 중국어 강사로서의 직업문식성과 관련된 것으로 특히 중국어 문법을 설명할 때 많이 필요한 어휘인 한자신조어[4] 등 총 다섯 가지 유형이 있다.

1) 동형동의어

<표 3> 동형동의어(382)

가능 (可能)	개사 (介詞)	번체자 (繁體字)	만족 (滿足)	발명 (發明)	비교 (比較)
각자 (各自)	건배 (乾杯)	대화 (對話)	명단 (名單)	발음 (發音)	비유 (比喩)

---

4) 한자신조어는 주로 중국어 교과서에서 노출되어 있음.

간체자 (簡體字)	결석 (缺席)	도시 (都市)	명령 (命令)	병법 (方法)	사용 (使用)
감정 (感情)	경성 (輕聲)	독서 (讀書)	목적 (目的)	방식 (方式)	사회 (社會)
강조 (強調)	녹음 (錄音)	동의 (同意)	목표 (目標)	부족 (不足)	생략 (省略)

다음절 한자어에서 동형동의어는 가장 많은 382개 어휘가 있으며, 전체 다음절 한자어의 72.3%를 차지하고 있다. 동형동의 한자어와 한자를 병기하면 중국인 학습자가 한자를 보고 그 어휘의 의미를 추측할 수 있다. 이는 현대 중국어와 같은 의미를 가지기 때문이다.

2) 동형이의어

<표 4> 동형이의어(14)

강세 (強勢)	공부 (工夫)	방학 (放學)	우선 (優先)	제시 (提示)	직장 (職場)	학원 (學院)
경우 (境遇)	문장 (文章)	시험 (試驗)	인식 (認識)	제출 (提出)	질문 (質問)	허락 (許諾)

동형이의어는 중국어와 비교하면 형태가 같지만 의미가 다른 것이므로, 중국인 학습자가 동형이의어를 학습할 때 큰 어려움을 겪게 된다. 따라서 동형이의어로 구성된 한자 형태는 쉽게 오류를 범하게 되므로 이런 종류의 한자어를 학습할 때 중국어와 의미 대조가 반드시 필요하다.

<표 5> 동형이의어와 대응되는 중국어

강세 (重音)	공부 (学习)	방학 (放假)	우선 (首先)	제시 (提出)	직장 (工作)	학원 (学习班)
경우 (情况)	문장 (句子)	시험 (考试)	인식 (意识)	제출 (提交)	질문 (提问)	허락 (允许)

동형이의어에서 형태가 같지만 의미가 완전 달라지는 어휘는 '강세, 방학, 문장' 등의 어휘이다. 그리고 형태는 같은데 부분 의미가 다른 어휘로는 '공부, 우선, 제시, 직장, 학원, 경우, 시험, 인식, 제출, 질문, 허락' 등의 어휘가 있다.

3) 이형동의어

<표 6> 이형동의어(108)

목적어 (目的語)	성형 (成形)	중국어 (中國語)	형태 (形態)	요일 (曜日)	문형 (文型)
과외 (課外)	수준 (水準)	책망 (責望)	지각 (遲刻)	분야 (分野)	숙제 (宿題)
단어 (單語)	약칭 (略稱)	취미 (趣味)	의욕 (意慾)	관형어 (冠形語)	술어 (述語)
만약 (萬若)	자전거 (自轉車)	확률(確率)	영화 (映畵)	당첨 (當籤)	시작 (始作)
분위기 (雰圍氣)	장점 (長點)	흥미(興味)	역할 (役割)	대신 (代身)	어휘 (語彙)

이형동의어는 주로 한국에서만 사용되는 어휘이다. 이는 중국 현대 백화문에서 잘 쓰이지 않거나 다른 의미로 쓰인다. 예를 들면 중국어는 당연히 중국에서 똑같은 의미로 쓰인다고 생각하겠지만 사실은 중국에

서는 중국어가 아니고 한어라고 한다. 즉, 중국에서 인구가 가장 많은 한족의 언어를 뜻하다. 따라서 중국어는 한국에서만 쓰인 한자어로 중국에서 쓰이지 않는다. 또한 의미가 다르게 쓰이는 예를 들어 보면 '과외 (課外)'는 한국에서 정해진 교과 과정 이외에 비공식적으로 하는 수업을 말한다. 그러나 중국에서는 수업 시간 외를 뜻한다. 과외와 대응되는 중국어 어휘로는 '가교(家教)'를 들 수 있다.

이형동의어에 해당하는 중국어를 제시하면 〈표 7〉과 같다.

〈표 7〉 이형동의어 한·중 대조

한국어	중국어	한국어	중국어	한국어	중국어
목적어 (目的語)	宾语	중국어 (中國語)	汉语	요일 (曜日)	星期
과외 (課外)	家教	책망 (責望)	责备	분야 (分野)	领域
단어 (單語)	生词	취미 (趣味)	嗜好	관형어 (冠形語)	定语
만약 (萬若)	如果	확률 (確率)	概率	당첨 (當籤)	中奖
분위기 (雰圍氣)	气氛	흥미 (興味)	兴致	대신 (代身)	代替
성형 (成形)	整形	형태 (形態)	形状	문형 (文型)	句型
수준 (水準)	水平	지각 (遲刻)	迟到	숙제 (宿題)	作业
약칭 (略稱)	简称	의욕 (意慾)	欲望	술어 (述語)	谓语
자전거 (自轉車)	自行车	영화 (映畵)	电影	시작 (始作)	开始
장점 (長點)	优点	역할 (役割)	作用	어휘 (語彙)	词汇

4) 도치어

〈표 8〉 도치어(4)

딘계(段階)	소개(紹介)	언이(言語)	호칭(呼稱)

도치어의 예로 '단계, 소개, 언어, 호칭'을 들 수 있는데 현대 중국어
어휘에서 각각 '계단(階段), 개소(介紹), 어언(語言), 칭호(稱呼)'로 쓰인
다. 한국어 한자어와 중국어 어휘는 형태와 의미에서 모두 같지만 순서
만 바뀐다.

5) 한자신조어

〈표 9〉 한자신조어(20)

결과보어 (結果補語)	경성 (經聲)	동량보어 (動量補語)	병음 (倂音)
구조조사 (構造助詞)	구간 (句間)	동태조사 (動態助詞)	시량보어 (時量補語)
단순방향어 (單純方向語)	개사 (介詞)	반삼성 (半三聲)	양사 (量詞)
이중목적어 (二重目的語)	헐후어 (歇后語)	방향사 (方向詞)	어기조사 (語氣助詞)

한국인을 대상으로 중국어를 가르칠 때 기존의 어휘가 부족한 것을
알 수 있다. 특히 문법을 설명할 때 압축적인 의미를 지닌 새로운 개념적
인 명사가 필요하게 된다. 때문에 중국어 전문 지식의 특성을 지닌 한자
신조어는 한자어의 세분화 특징의 하나로 생각한다. 한자신조어는 몇

가지의 특성을 지니고 있다. 첫째, 모두 명사이다. 둘째, 모두 중국어 전문 지식에 관한 어휘이다. 셋째, 다른 어휘로 대신 쓸 수 없다.

구체적으로 말하면 중국어의 전문 지식을 설명할 때 이런 어휘를 쓰지 않으면 무엇이라고 표현하기 어렵다. 만약에 쉬운 말로 풀어서 말하면 말이 길어져 몹시 비경제적이다.

2.3. 학습내용 분석 결과

〈표 10〉 한자어 분류

한자어	단음절 한자어	동형동의어
	다음절 한자어	동형동의어
		동형이의어
		이형동의어
		도치어
		한자신조어

본고에서 선정된 한자어는 총 544개로 그중에서 단음절 한자어는 16개이고, 다음절 한자어는 총 528개이다. 단음절 한자어는 중국어와 비교하면 모두 동형동의어이다. 그리고 다음절 한자어의 특징은 다양하게 나타난다. 동형동의어가 398개로 가장 많다. 전체 한자어의 73.2%를 차지하고 있다. 이형동의어는 108개가 있는데 이는 전체 한자어의 19.9%를 차지하고 있으며, 동형이의어는 14개가 있는데 전체 한자어의 2.6%를 차지하고 있다. 도치어는 4개가 있는데 이는 전체 한자어 0.7%를 차지하고 있다. 그리고 한자신조어는 20개로 전체 한자어의 3.6%를 차지하고 있다. 이를 정리하면 〈표 11〉과 같다.

〈표 11〉 한자어 유형별 분포

구분 \ 어종	동형동의어	이형동의어	동형이의어	도치어	한자신조어
수량	398	108	14	4	20
전체 비율	73.2%	19.9%	2.6%	0.7%	3.6%

 3 중국인 결혼이민자를 위한 한자어 학습 전략

중국인 결혼이민자는 한자에 대한 지식을 이미 습득하였기 때문에 한국 한자어를 이해하는 데 도움이 된다. 한국 한자어는 중국어와 동일한 점도 있지만 이질적인 점도 있다. 이런 점을 충분히 고려하여 한자어를 학습할 때 적극적인 전이를 형성하도록 학습 전략을 모색할 필요가 있다. 본고에서 문식성을 중심으로 전개하고 있는데 이는 주로 글을 읽는 것과 쓰는 능력을 의미하기 때문에 본고에서는 한자어 학습 전략으로 읽기와 쓰기를 통해 그 전략을 제시하고자 한다.

3.1. 한자음을 익히기

3.1.1. 동형동의어의 학습 전략

먼저 동형동의어의 경우를 살펴보자. 동형동의 한자어는 선정된 어휘의 73.2%를 차지하고 있다. 따라서 동형동의 한자어의 학습은 매우 중요하다. 한자어와 대응되는 중국어 어휘는 일대일의 동일한 의미를 가지고 있지는 않지만, 본고에서 선정된 동형동의어는 대다수가 명사이기 때문에 의미가 거의 비슷하다고 볼 수 있다. 중국인 학습자는 이미 한자의 의미를 습득하였기에 한자어의 음을 알면 대응되는 한자의 의미를 알고 있어 그 어휘의 의미를 추측할 수 있다. 따라서 충분히 한자음과 대응되는 한자를 이용하면 그 어휘를 효율적으로 학습할 수 있을 것이다.

〈표 12〉 동형동의 한자어 읽기 예시

- 번(繁)
번체자 - 체(體) ⇒ 繁體字
    - 자(字)
  ↓
번체자: 指汉字简化后被简化字所代替的原来笔画较多的汉字。(중국에서 전통적으로 써 오던 방식 그대로의 한자를 간체자에 상대하여 이르는 말.5))

번체자에 대응되는 중국어 해석은 한국어 해석과 약간의 차이가 있지만 의미는 거의 비슷하다. 단 해석의 각도에 약간의 차이가 있을 뿐이다. 그러므로 동형동의어는 읽기 방식으로 학습하는 것이 별문제 없을 것으로 본다. 한자어를 표기할 때와 마찬가지로 한자음을 이용하면 도움이 될 것이다.

---

5) 본고에서의 중국어 해석은 『新华字典』에서 참조하였으며, 한국어 해석은 국립국어원 『표준국어대사전』(1999)에서 참조하였다.

〈표 13〉 동형동의 한자어 쓰기 예시

```
     -繁(번)
繁體字-體(체)  ⇒  번체자
     -字(자)
              ↓
문장 만들기: 현재 중국에서 쓰는 한자는 번체자가 아니라 간체자이다.
```

한자음을 이해하면 한자어를 학습하는 데에 상당히 도움이 된다. 특히, 생산성이 높은 한자어 형태소의 음을 이용하여 더욱 효율적으로 어휘를 학습할 수 있을 것이다.

〈표 14〉 생산성이 높은 한자음 예시

어-(語)	보어(補語) 금기어(禁忌語) 어감(語感) 어기(語氣) 어법(語法) 어조(語調) 겸양어 (謙讓語) 경어(敬語) 구어(口語)
사-(詞)	수량사(數量詞) 수사(數詞) 부사(副詞) 감탄사(感歎詞) 명사(名詞) 조동사(助動詞) 의문사(疑問詞) 이합사(離合詞)
정-(定)	가정(假定) 긍정(肯定) 특정(特定) 결정(決定) 부정(否定) 설정(設定)

위의 '어, 사, 정'과 같은 생산적인 한자음을 암기하면 그 형태소가 첨가되는 한자어의 의미를 유추할 수 있을 것이다. 물론 단어를 구성하는 나머지 형태소의 한자음도 인지할 수 있어야 그 단어의 의미를 정확히 추측할 수 있을 것이다. 단 주의해야 할 것은 하나의 한자음에 대응되는 한자는 여러 개가 있을 수 있다는 점이다. 구체적인 한자어에 따라 같은 음이라도 형태가 다를 수 있다. 예를 들면 '부사', '역사'의 '사'는 음이 같지만 대응되는 한자가 다르다. 이런 점은 중국인 학습자에게 어려움을 초래하게 된다. 각별히 유의해야 한다.

〈표 15〉 음이 같지만 형태가 다른 한자어 예시

명①-(名)	인명(人名) 대명사(代名詞) 유명(有名) 명단(名單) 지명(地名) 성명(姓名) 명사(名詞) 명승지(名勝地)
명②-(明)	표명(表明) 분명(分明) 증명(證明) 설명(說明) 발명(發明)

음은 같지만 형태가 다른 한자어로 구성된 한자어의 의미를 파악하는 데 어려움이 있지만 구체적인 문맥에 의거하여 그 의미를 추측할 수 있을 것이다.

예를 들면, '명사(名詞)'와 '설명(說明)'의 구별을 들 수 있는데, 구체적인 문맥에서 그 의미를 변별할 수 있을 것이다.

ㄱ 주어는 주로 **명사**나 대사가 주요 성분이 된다.
ㄴ 그것이 누구인지 혹은 무엇인지를 **설명**하려는 것이다.

3.1.2. 한자신조어의 학습 전략

한자신조어는 오래전부터 사용해 온 한국어가 아니고 어떤 목적으로 새로 만들어진 어휘이다. 예를 들면 '결과보어, 경성, 구조조사' 등 중국어 전문 지식을 한국인 대상으로 전수할 때 필요한 것으로 기존에 없는 새로 만들어진 어휘이다. 한자신조어는 주로 중국어 교재에서 문법을 설명할 때 많이 노출된다. 한자신조어의 어휘 원형은 중국어이므로 중국인 학습자들이 이를 학습하는 데에 큰 어려움은 없을 것이다. 중요한 것은 한자의 음을 잘 익혀야 한다. 한자신조어의 읽기 과정을 정리하면 〈표 16〉과 같다.

〈표 16〉 한자신조어 읽기 예시

```
결과보어 ┌ 결과(結果)
        │              ⇒  結果補語
        └ 보어(補語)

        ↓

결과보어: 一般用来补充说明动作的结果。(동작의 결과를 설명하는 보어를 결과보
         어라고 한다.)
```

한자신조어를 읽을 때 각 음에 대응되는 한자로 머릿속에 전환한다. '결과보어'의 경우는 '결과'와 '보어'의 합성어이니 두 부분을 먼저 분리해서 전환하는 것도 좋은 방법이라 할 수 있다. 왜냐하면 '결'이나 '과'에 대응되는 한자가 여러 개일 수 있다. 따라서 그 형태소에 대응되는 한자가 어떤 것인지를 정확하게 판단하기 위해 합성어일 경우는 먼저 두 단어로 쪼개서 한자로 전환하는 것이 좋다. 그 다음 '결과보어'는 중국어 '結果補語'라는 것을 알 수 있다. 최종적으로 '결과보어'는 동작의 결과를 설명하는 보어라고 유추할 수 있다.

다시 정리하면, 한자신조어를 읽을 때 그 단어의 형태소에 대응되는 한자를 머릿속에서 전환한다. 만약에 그 한자신조어가 두 단어나 두 단어 이상의 합성어일 경우 먼저 쪼개서 한자로 전환하는 것이 좋다. 이렇게 해서 한자신조어에 대응되는 중국어를 이해할 수 있을 것이다. 중국인 학습자들은 모어인 중국어의 의미를 본래 알고 있으므로 그 어휘의 의미를 추측할 수 있다.

다음으로 한자신조어의 쓰기 과정을 예를 들어 제시하면 〈표 17〉과 같다.

〈표 17〉 한자신조어 쓰기 예시

중국어 '結果補語'에 대응되는 한국어 음으로 각각 '결, 과, 보, 어'로 전환되므로 그대로 적으면 된다.

3.2. 어순 바꾸기

이 방법은 주로 도치어를 학습할 때 사용한다. 이런 어휘의 특징은 형태와 의미 면에서 중국어와 모두 같지만 순서만 다르다. 예를 들면, 한국에서 '소개(紹介)'라고 하지만 중국에서 '개소(介紹)'라고 한다.

다음에서 도치어의 읽기 과정을 예를 들어 제시하면 다음과 같다.

〈표 18〉 도치어 읽기 예시

도치어를 읽을 때 먼저 한국어 음에 대응되는 한자를 머릿속에서 전환한다. 그 다음 한자의 순서를 바꾼다. 그러면 중국인 학습자가 이미 습득한 중국어의 의미에 의하여 이 도치어의 의미를 추측할 수 있다.

도치어를 읽을 때는 상대적으로 쉽지만, 도치어를 쓸 때는 모국어의 간섭으로 틀리기 쉽다. 미리 도치어의 순서가 중국어와 다르다는 것을 유의하면 쓰기 오류를 줄일 수 있다.

도치어의 쓰기 예시를 제시하면 다음과 같다.

〈표 19〉 도치어 쓰기 예시

階段	→	段階	→	단계
도치어의 특징 학인: 순서를 바꾸기		한자음으로 표기		

도치어를 쓸 때에는 먼저 중국어를 머릿속에 떠올리고, 그 한자어의 특징은 순서만 다르다는 것을 주의해야 한다. 다음에 중국어의 순서를 바꾸고 그 한자에 대응되는 한국어 음으로 표기하면 된다.

3.3. 어휘 목록 우선 제시와 의미 변별하기[6]

3.3.1. 동형이의어의 학습 전략

먼저 동형이의어를 살펴보겠다. 동형이의어는 중국어와 형태가 같지만 의미가 다르다. 역사적·문화적인 원인 등으로 인하여 한국에서 사용하는 한자어와 현대 중국에서 사용하는 어휘는 형태가 같지만 의미와 용법 면에서 다르다. 중국인들은 이런 어휘의 이해와 사용에 크게 어려

---

6) 이 방법은 주로 동형이의어와 이형동의어를 학습할 때 사용한다.

움을 겪는다. 이런 모국어 간섭을 줄이기 위해서는 먼저 동형이의어 목록을 제시하고 그 다음에 의미를 변별하는 것이 좋다. 일부 동형이의어 목록을 제시하면 다음과 같다.

〈표 20〉 동형이의어 목록 제시(일부)

한국 한자어	중국어
강세(强勢)	강세(重音)
공부(工夫)	공부(学习)
방학(放學)	방학(放假)
시험(試驗)	시험(考试)

동형이의어를 구성하는 한자 형태소는 같은 형태로 쓰인 중국어와 다르다. 예를 들면, '강세(强勢)'의 의미에 해당하는 중국어는 '重音'이다. '强勢'는 중국에서 주로 세력이나 힘이 강력하다는 의미이므로 한국어 '강세'는 중국어 '强勢'와 전혀 다른 의미를 지닌다.

동형이의어를 학습할 때는 먼저 어휘 목록을 제시하고, 다음으로 한·중 어휘의 의미를 대조함으로써 동형이의어에 해당하는 중국어를 학습하게 하는 것이 좋다.

예시를 들어 동형이의어의 의미 변별 과정을 제시하면 〈표 21〉과 같다.

〈표 21〉 동형이의어 의미 변별 예시

	한국 한자어	중국어
공부	공부(工夫): 학문이나 기술을 배우고 익힘	工夫:时间(시간)
		해당 중국어
		学习

| 예문 | 공부 잘 해요?
공부 끝나고 잘게요.
수업 끝나고 우리 집에 가서 같이 공부하자. | 你学习好吗?
学完习就睡觉。
放学以后去我们家一起学习吧。 |

위 표에서 알 수 있듯이 한자어 '공부(工夫)'의 의미와 중국어 '工夫'의 의미는 다르다. 중국인 학습자가 중국어 '工夫'에 대한 이해는 한국어 공부(工夫)를 읽을 때 그대로 적용될 우려가 있다. 의미 변별을 통해 한자어 '공부(工夫)'에 대응되는 중국어는 '学习'인 것을 알 수 있다. 동형이의어의 학습은 읽기와 쓰기 방법을 활용하는 것이 좋다.

동형이의어의 읽기 과정을 제시하면 〈표 22〉와 같다.

〈표 22〉 동형이의어의 읽기 예시

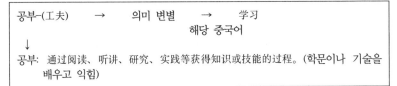

```
공부-(工夫)   →    의미 변별   →    学习
                              해당 중국어
 ↓
공부: 通过阅读、听讲、研究、实践等获得知识或技能的过程。(학문이나 기술을
     배우고 익힘)
```

먼저 '공부'는 중국어 '工夫'와 다르다는 것을 알려준다. 그리고 '공부'와 중국어 '工夫'의 의미를 대조한다. 이어서 한국어 공부의 의미를 더 확실하게 이해하기 위해 예문 몇 개를 제시함으로써 '공부'에 대한 이해를 심화시키며 동시에 그에 대응되는 중국어를 터득하게 한다.

다음에서 동형이의어의 쓰기 과정을 제시하면 〈표 23〉과 같다.

〈표 23〉 동형이의어의 쓰기 예시

学习	→	工夫	→	공부
해당 한국어의 한자 형태소로 전환		한자음으로 표기		

중국인 학습자가 동형이의어를 쓸 때 먼저 모국어를 해당하는 한자어의 구성성분인 한자를 머릿속에 떠올리고, 다음으로 그 한자의 한국어음으로 바꿔 쓴다.

3.3.2. 이형동의어의 학습 전략

이형동의어의 특징은 중국어와 형태가 다르지만 의미는 같다. 다시 말하면 한자의 음이 같지 않다. 한국 한자어와 중국어는 서로 다른 형태의 한자로 같은 의미를 표현한다. 한국 한자어의 한자는 중국어와 다른데 여기서 그 원인을 서술하지는 않겠다. 중국인 학습자는 중국어와 다른 한자를 사용하기 때문에 이런 한자어를 학습할 때에 어려움을 겪게된다. 그러므로 미리 이형동의어의 목록을 정리하여 제시하는 것이 학습자에게 도움이 될 것이다.

〈표 24〉 이형동의어 예시(일부)

한자어	중국어
목적어(目的語)	목적어(宾语)
중국어(中国语)	중국어(汉语)
요일(曜日)	요일(星期)
만약(萬若)	만약(如果)

이형동의어는 일반적으로 한국에서만 사용하고 중국에는 없는 한자
어휘이다. 때문에 중국인 학습자가 이형동의어의 한자를 보고 그 어휘의
의미를 추측하기가 어렵다. 따라서 이형동의어의 의미를 따로 학습할
필요가 있다. 먼서 한사어의 의미를 해석하고 그깃에 해딩하는 중국이를
구체적인 예문을 통해 제시하면 그 의미를 확실하게 기억할 수 있다.

〈표 25〉 이형동의어 의미 변별

	한국 한자어	해당 중국어
목적어	목적어(目的語): 주요 문장 성문의 하나로, 타동사가 쓰인 문장에서 동작의 대상이 되는 말.	宾语
예문	㉠일부 동사는 두 개의 목적어를 가질 수 있다. ㉡이 문장의 목적어는 무엇입니까? ㉢이러한 방위사는 주어 목적어 관형어로 쓰일 수 있다.	㉠部分动词可以接两个宾语。 ㉡这个句子的宾语是什么? ㉢这样的方位词可以做主语、宾语、定语。

이형동의어의 의미 변별은 읽기와 쓰기 과정에서 모두 내재화되고 있
다. 이형동의어의 읽기 과정을 제시하면 〈표 26〉과 같다.

〈표 26〉 이형동의어 읽기 예시

```
목적어     →     의미 변별     →     宾语
                    해당 중국어
  ↓
목적어: 动词大一种连带成分,  一般在动词后边,  用来回答"谁"或"什么"。
        (주요 문장 성문의 하나로, 타동사가 쓰인 문장에서 동작의 대상이 되는 말)
```

이형동의어를 읽을 때 먼저 그 어휘의 의미를 학습하고, 그 다음 예문
몇 개를 통하여 그 어휘의 의미와 용법에 대해 보다 깊이 이해할 수

있다. 마지막으로 그 어휘를 학습자의 머릿속에 저장하게 함으로써 그 어휘에 해당하는 중국어를 스스로 터득하게 한다.

이형동의어의 쓰기 과정을 제시하면 〈표 27〉과 같다.

〈표 27〉 이형동의어 쓰기 예시

宾语	→	目的语	→	목적어
	해당 한자어		한국어 음으로 표기	

이형동의어를 쓸 때 먼저 중국어와 대응되는 한자어의 구성 성분인 한자 형태소를 떠올린 다음 그 한자를 한국어 음으로 전환한다.

4 결론

지금까지 한국사회에서 직장 생활에 도움이 되도록 중국인 결혼이민 자를 위한 한자어 학습 전략을 고찰하였다. 특히, 중국인 결혼이민자들 이 입말은 잘하지만 상대적으로 글말이 약한 점을 감안하여 중국어 강사 직을 수행할 때 도움이 될 만한 어휘 학습의 전략에 대하여 사례를 통해 학습방법을 제시하였다.

제2장에서는 선정된 한자어를 세부 분류하였다. 음절수에 의하여 크 게 단음절 한자어와 다음절 한자어로 나누었으며, 다시 동형동의어, 동 형이의어, 이형동의어, 도치어, 한자신조어로 세분하였다. 이런 어휘를

학습하는 전략은 세 가지가 있는데 주로 한자음을 익히기, 어순 대조하기, 어휘 목록을 제시하고 의미 변별하기이다. 그중에서 동형동의어와 한자신조어를 학습할 때 한자음을 익히는 것이 크게 도움이 된다. 그리고 도치어를 학습할 때는 어순 내조가 필요하다. 그리고 동형이의어와 이형동의어를 학습할 때는 먼저 어휘 목록을 제시하고 의미를 변별하는 것이 매우 중요하다.[7]

한국어의 문식성을 높이기 위한 학습 전략은 읽기와 쓰기로 나누어 제시하였다. 한국 어휘는 약 70%가 한자어이므로 중국인 학습자가 한국 어휘를 익히는 데 다른 국가의 학습자보다 유리한 것이 사실이다. 그러나 중국 한자어와 한국 한자어의 특성이 다른 어휘도 상당 수 있으므로 이에 대한 차이가 무엇인지를 읽기와 쓰기 학습 전략을 통해 보다 쉽게 이해할 수 있도록 제시한 점이 본고의 의의라 할 수 있다.

---

7) 본고에서 어휘 종류 별로 학습 전략을 다루었지만 그 종류의 어휘 학습에 단일한 학습전략을 적용할 수 있는 뜻이 아니라 그 종류의 어휘를 학습할 때 특정한 학습 전략은 크게 도움이 된다는 뜻이다.

참고문헌

김옥엽(2011), 「인천지역 결혼이민여성의 취업결정요인 분석」, 숙명여자대학교 석사학위 논문.

김종택(1992), 『국어어휘론』, 탑출판사.

김진호·장권순·이태환(2011), 『외국인을 위한 한국문화』, 역락.

노명완 외(2008), 『문식성 연구』, 박이정.

마금선(2013), 「중국인 한국어 학습자를 위한 한자어 교육 연구」, 서울대학교 교육학 박사하위논문.

박덕유 외(2014), 『중국인 학습자를 위한 한국어 교육 연구』, 박문사.

_____(2012), 『학교문법론의 이해』, 역락.

박덕재·박성현(2011), 『외국어 습득론과 한국어 교수 : 한국어 교사를 위한 실제적인 교수방법』, 박이정.

박성심(2009), 「여성결혼이민자 한국어 교육을 위한 어휘 등급화 연구」, 계명대학교 대학원 석사학위논문.

박성준·이선이(2011), 『(외국인을 위한)한국의 역사와 문화』, 한국문화사.

박소연(2012), 「여성결혼이민자를 위한 한자 및 한자어 연구」, 연세대학교 교육대학원 석사 학위논문.

박신영·이병중(2013), 「취업한 여성결혼이민자들의 직업기초능력에 관한 연구」, 수산해양교육연구, 제25권 제4호, 통권 64호. 973~989쪽.

배현대(2009), 「여성 결혼 이민자를 위한 한국어 교육 현황과 문화 어휘를 활용한 한국어 교육 방법」, 경기대학교 대학원 석사학위논문.

어덩치멕(2012), 「몽골인 여성결혼이민자를 위한 친족 호칭어·지칭어 교육 방안」, 세종대학교 대학원 석사학위논문.

왕근(2010), 「중국인 한국어 학습자를 위한 한자어 및 한자 교육 연구」, 충남대학교 대학원 석사학위논문.

이명희(2011), 「결혼여성이민자의 한국어 호칭어·지칭어 사용양상연구」, 영남대학교 대학원 석사학위논문.

이선이, 『2012년 학원 설립 운영자 제3차 연수교재』, 인천광역시 학원 연합회.

이선이·이명순(2011), 『외국인을 위한 오늘의 한국』, 한국문화사.

이수현(2011), 「여성결혼이민자와 관련된 서식의 어휘에 관한 연구」, 충남대학교 교육대학원 석사학위논문.

이은선(2008), 「가정통신문을 활용한 여성결혼이민자 어휘 교육 방안 연구」, 상명대학교 교육대학원 석사학위논문.

지윤숙(2012), 「여성결혼이민자의 취업효과성에 관한 연구」, 동아대학교 국제전문대학원 박사학위논문.

최미숙 외(2008), 「다문화교육활동이 유아의 반편견 인식 및 다른 문화에 대한 태도에 미치는 영향」, 『아동교육』, 한국아동교육학회, 65~79쪽.

한지엔(2013), 「중국인 한국어 학습자를 위한 한자어 교육 연구」, 호남대학교 대학원 석사논문.

허은혜(2010), 「여성 결혼 이민자들의 작문에 나타난 어휘 사용 빈도 연구」, 한국외국어대학교 교육대학원 석사학위논문.

홍기옥(2011), 「경남 남해군 어촌지역 생활어휘 연구」, 『한민족어문학』 제58집, 277~285쪽.

홍종명(2012), 「결혼이민자 대상 직업 목적 한국어 교육 과정 설계를 위한 기초연구」, 『국제어문』 제54집, 567~599쪽.

Elaine Kolker Horwitz 저, 전병만·안병규·오준일·오윤자·이은경 역(2010), 『유능한 언어 교사 되기』, 시그마프레스.

Gail E. Tompkins 저, 박정진·조재윤 역(2012), 『문식성 전략 50 : 단계별 언어기능 교수 전략』, 한국문화사.

I.S.P Nation 저, 김창구 역(2012), 『I.S.P Nation의 외국어 어휘의 교수와 학습』, 소통.

http://stdweb2.korean.go.kr/(국립국어원 표준국어대사전)

http://www.immigration.go.kr/HP/TIMM/imm_06/imm_2011_12.jsp
(출입국·외국인정책본부)

부록1

〈한자어 목록〉

1. 한자어

각	일	과(課)	성(姓)	주	부
년	총	번	성(聲)	편	
예	절	반(班)	월	등	

2. 다음절 한자어

2.1. 동형동의어

가능	국제음성기호	발음	수량사	이해	축하
가능보어	굴원	발표	수사	이해력	춘절
가정	권고	방면	수식	이화원	출발
각자	권리	방법	순서	인명	출석
간체자	권설음	방식	숫자	인민폐	충분
감정	규칙	방해	습관	일반적	태극권
감탄	근거	방향	시간부사	일상	태도
감탄사	금기	번체자	시대	일치	토론
강약	금기어	변화	신청	입문	특강
강의	긍정	병렬	신체	자료	특수
강조	기본	보살	실례	자신	특이
개강	기억	보어	실제	자유	특정
객관적	기준	보충	실천	잡담	특징

거리	기초	보통	실현	장소	판단
건배	기타	복습	양반	재물	평가
견해	긴장	복운모	양호	저속	평등
결과	내용	본문	어감	적극적	포함
결론	노력	부교재	이기	전빈적	폭죽
결석	녹음	부분	어법	전체	표기
결정	농촌	부사	어조	전환	표명
결합	능력	부위	엄격	절대	표시
겸손	단군	부정	업무	정도	표현
겸양어	단독	부정부사	역사	정도부어	품질
경극	단오절	부정적	연결	정도부사	필요
경기	단운모	부정형	연락	정리	학교
경복궁	단원	부족	연속	정신	학생
경시	단음절	부호	연습	제안	학점
경어	당월	분명	연애	재외동포	한도
경험	대명사	비교	열거	조건	한류
계속	대상	비운모	영향	조동사	한어병음
계획	대조	비유	예문	조사	한자
계획서	대체	사건	예습	종류	한족
고급	대표	사물	예의	종합	항목
고려	대화	사상	예절	주관	해석
공개	도시	사실	예정	주어	핵심
공손	도입	사용	완성	주요	행동
과거	독서	사항	완전	주의	행위
과거형	동료	사회	외국어	주제	현상
과목	동사	삽입	외모	준비	현충일
과정	동사구	상식	요구	준수	형식
과제	동시	상태	용법	중국	형용
관계	동의	상황	용어	중국인	형용사
관련	동작	상품	우수	중급	호응
관심	동지	생동감	운모	중시	화교
관용어	마작	생략	원래	중요	화제

관용적	만리장성	생활	원인	중첩	확인
괄호	만족	서면	위치	증명	환영
교사	만화	서술	유명	지도	활동
교실	매월	선택	유의	지명	활용
교양	매체	설명	유창성	지방	회화
교육	명단	설정	음력	지속	횟수
교재	명령	성격	음운	지식	훈민정음
교체	명사	성명	음절	직업	희망
교통	명사구	성모	응용	진도	언급
구별	명승지	성분	의견	진료	민족
구분	목적	성적	의문	진행	반대
구상	목표	성조	의문사	질투	반문
구성	묘사	성질	의미	차이	반복
구어	문제	성탄절	의상	참고	약간
구조	문학	소극적	이론	창의적	학습
구체적	문화	속성반	이상	책임	합격
국가	문화대혁명	수단	이용	처리	한족
국민	발명	수도	이유	초급	
국적	발생	수량	이합사	추가	

2.2. 동형이의어

강세	문장	우선	제시	직장	학원
경우	방학	인식	제출	질문	허락
공부	시험				

2.3. 이형동의어

간접목적어	뒷절	부정문	시작	인칭 대명사	차시
고정구문	만약	분야	식습관	일부	참석
과외	명령문	분위기	암기	자전거	책망
과정별	명사술어문	비교문	약칭	자체	출석률

관형어	명절	사주팔자	어순	작성	취미
광범위	모음	상대	어투	장점	특지 의문문
구문	목적어	상대방	어휘	접미사	표준말
구어체	무당	생각	역할	접속사	풍습
구절	문구	서술어	역할극	정반 의문문	피동문
긍정문	문미	서예	영화	존재문	해당
단번	문법	성형	완곡어	주술문	해석본
단어	문서	세배	요일	중간고사	형용사술어문
단지	문형	수강	유교	중국어	형태
당첨	미흡	수능시험	의리	지각	화자
대답	반어문	수업	의문문	지시 대명사	확률
대본	방점	수준	의성어	지적	회차
대신	복문	숙제	의욕	직접목적어	휴일
동사술어문	부사어	술어	이중모음	차례	흥미

2.4. 도치어

단계	소개	언어	호칭

2.5. 한자신조어

결과보어	경성	동량보어	방향사	양사	종료과
개사	구간	동태조사	병음	어기조사	피자문
개사구	구조조사	반삼성	시량보어	이중목적어	혈후어
겸어문	단순방향어				

부록2

<어원별 어휘 목록>

1. 한자어

가능	구어체	명사구	사주팔자	언어	작성	축하
가능보어	구절	명사술어문	사항	엄격	잡담	춘절
가정	구조	명승지	사회	업무	장소	출발
각	구조조사	명절	삽입	역사	장점	출석
각자	구체적	모음	상대	역할	재물	출석률
간접목적어	국가	목적	상대방	역할극	재외동포	충분
간체자	국민	목적어	상식	연결	저소	취미
감정	국적	목표	상태	연락	저속	태극권
감탄	국제음성기호	묘사	상품	연속	적극적	태도
감탄사	굴원	무당	상황	연습	전반적	토론
강세	권고	문구	생각	연애	전체	특강
강약	권리	문미	생동감	열거	전환	특수
강의	권설음	문법	생략	영향	절	특이
강조	규칙	문서	생활	영화	절대	특정
개강	근거	문장	서면	예	접미사	특지 의문문
개사	금기	문제	서술	예문	접속사	특징
개사구	금기어	문학	서술어	예습	정도	판단
객관적	긍정	문형	서예	예의	정도보어	편
거리	긍정문	문화	선택	예절	정도부사	평가
건배	기본	문화대혁명	설명	예정	정리	평등
견해	기억	미흡	설정	완곡어	정반 의문문	포함
결과	기준	민족	성(姓)	완성	정신	폭죽
결과보어	기초	반(班)	성(聲)	완전	제시	표기
결론	기타	반대	성격	외국어	제안	표명
결석	긴장	반문	성명	외모	제출	표시

결정	내용	반복	성모	요구	조건	표준어
결합	년	반삼성	성분	요일	조동사	표현
겸손	노력	반어문	성적	용법	조사	품질
겸양어	녹음	발명	성조	용어	존재문	풍습
겸어문	농촌	발생	성질	우선	종료과	피동문
경극	능력	발음	성탄절	우수	종류	피자문
경기	단계	발표	성형	운모	종합	필요
경복궁	단군	방면	세배	원래	주	학교
경성	단독	방법	소개	원인	주관	학생
경시	단번	방식	소극적	월	주술문	학습
경어	단순방향어	방점	속성반	위치	주어	학원
경우	단어	방학	수강	유교	주요	학점
경험	단오절	방해	수능시험	유명	주의	한도
계속	단운모	방향	수단	유의	주제	한류
계획	단원	방향사	수도	유창성	준비	한어병음
계획서	단음절	번	수량	음력	준수	한자
고급	단지	번체자	수량사	음운	중간고사	한족
고려	당월	변화	수사	음절	중국	합격
고정구문	당첨	병렬	수식	응용	중국어	항목
공개	대답	병음	수업	의견	중국인	해당
공부	대명사	보살	수준	의리	중급	해석
공손	대본	보어	숙제	의문	중시	해석본
과(課)	대상	보충	순서	의문문	중요	핵심
과거	대신	보통	술어	의문사	중첩	행동
과거형	대조	복문	숫자	의미	증명	행위
과목	대체	복습	습관	의상	지각	허락
과외	대표	복운모	시간부사	의성어	지도	헐후어
과정	대화	본문	시대	의욕	지명	현상
과정별	도시	부	시량보어	이론	지방	현충일
과제	도입	부교재	시작	이상	지속	형식
관계	독서	부분	시험	이용	지시 대명사	형용
관련	동량보어	부사	식습관	이유	지식	형용사

관심	동료	부사어	신청	이종목적어	지적	형용사술어문
관용어	동사	부위	신체	이중모음	직업	형태
관용적	동사구	부정	실례	이합사	직장	호응
관형어	동사술어문	부정문	실제	이해	직접목적어	호칭
괄호	동시	부정부사	실천	이해력	진도	화교
광범위	동의	부정적	실현	이화원	진료	화자
교사	동작	부정형	암기	인명	진행	화제
교실	동지	부족	약간	인민폐	질문	확률
교양	동태조사	부호	약칭	인식	질투	확인
교육	등	분명	양반	인칭 대명사	차례	환영
교자만두	마작	분야	양사	일	차시	활동
교재	만리장성	분위기	양호	일반적	차이	활용
교체	만약	비교	어감	일부	참고	회차
교통	만족	비교문	어기	일상	참석	회화
구간	만화	비운모	어기조사	일치	창의적	횟수
구문	매월	비유	어법	입문	책망	훈민정음
구별	매체	사건	어순	자료	책임	휴일
구분	명단	사물	어조	자신	처리	흥미
구상	명령	사상	어투	자유	초급	희망
구성	명령문	사실	어휘	자전거	총	
구어	명사	사용	언급	자체	추가	

2. 고유어

가로	나누다	동안	맞추다	불고기	쓰이다	주어지다
가르치다	나타내다	드러내다	맞히다	붓	아무리	줄
가리키다	날짜	따르다	먼저	비빔밥	알맞다	지나치다
가운데	낱말	따위	목청	비지떡	여기다	쪽
가지	내보내다	때	못하다	빈칸	여러분	찍히다
가지다	높임말	때문	물어보기	사이	이끌다	채우다
갖다	느끼다	떡	미치다	생기다	이루다	콩국
갖추다	다르다	뜻	밑줄	서로	이르다	틀림없이

것	다음	마디	바라다	서울	익히다	파헤치다
고르다	대단하다	마땅히	바르다	설마	읽히다	하다
김치	더욱	마치	받아쓰기	세로	자르다	하마터면
까지	돌잔치	마치다	보기	시키다	재주	함부로
끝나다	둥이리	만들다	본보기	쓰다	젓가락	혹은

3. 혼종어

강하다	답하다	변하다	앞절	위하다	정하다	통하다
관하다	내하나	분별하다	약하다	인하다	정확하다	특별하다
글자	뒷절	상관없다	양꼬치	장담컨대	주로	특히
기원하다	명확하다	심각하다	여유롭다	적당하다	중대하다	풍성하다
노래방	반대말	심하다	여전히	적합하다	지칭하다	피하다
다양하다	번째	앞부분	열심히	전하다	찜질방	확실하다

4. 외래어

멀티미디어	카드	체크	웰빙	프린트	알파벳	기독교
몽골	팀	워크북	프로그램	레벨테스트	인터넷	페이지

제 2 장
중국인 학습자를 위한
문장론 연구

제2장 중국인 학습자를 위한 문장론 연구

1. 한·중 의문문 기능 실현 요소의 대조 연구

2. 인지 전략을 활용한 한국어 의문문 교육 연구

3. 한·중 상대 높임법 대조 분석 연구

1. 한·중 의문문 기능 실현 요소의 대조 연구

 연구의 목적과 필요성

언어학에서는 화자의 발화 의도를 언어의 의사소통 기능이라고 한다. 의문문은 일상 담화에서 의문 기능만 수행하는 것이 아니라 명령, 정표, 인사 등 다양한 의사소통 기능을 수행한다. 그리고 이와 같은 다양한 의사소통 기능은 어떤 한 요소에 의해서만 실현되는 것이 아니고 여러 요소가 통합된 의문문이라는 통일체로 실현되는 것이다.

지금까지 논의된 의문문 교육 연구는 주로 의문형 종결어미와 의문사에 초점을 두고 진행되었다. 의문형 종결어미와 의문사는 의문문을 이루는 중요한 요소이지만 이 두 요소에 대한 이해만으로는 올바른 의문문을 생성할 수 없다. 모국어 화자는 여러 문장 구성 요소를 마음대로 조합해서 문장을 만들고 발화할 수 있지만, 외국인 학습자가 여러 요소를 조합해서 적절하게 의도를 표출하는 것은 쉽지 않다. 따라서 외국인 학습자들에게 문장 교육을 제대로 하려면 문장의 구성 요소를 분리해서 교육하기보다는 의문문이라는 통일체 안에 묶어서 교육시키는 것이 훨씬 효율적이다. 그러므로 학습자의 의문문 구성 능력을 향상시키기 위해 의문문의 다양한 의사소통 기능을 이루는 요소를 적극적으로 개입시켜 의문문의 교육 내용을 구체화해야 한다.

 2 연구사 검토

2.1. 한·중 의문문 대조 연구

한·중 의문문에 대한 대조 연구는 2000년 이전에는 미진하였다가 최근 10여 년간 활발하게 진행되고 있다. 이 중 의문사에 관한 연구가 가장 많았으며, 그 다음으로 의문형 종결어미에 관한 연구와 개별적인 의문문 유형에 관한 연구가 간혹 보인다.

대부분의 연구는 형태 차원의 대조에만 그치고, 깊이 있는 기술을 하지 못하고 있어 아쉬움이 남는다. 언어 유형적 차이에 기인한 이들 연구는 언어 간 섬세한 대조가 쉽지 않다는 것을 보여 줬다. 한국에서 이루어진 한·중 의문문에 관한 대조 연구로는 전송애(2008), 유환(2012), 곽효동(2010), 왕예(2010), 왕위령(2010), 장방(2011), 왕페이(2011), xingxiaofang(2013) 등이 있고, 중국에서 이루어진 한·중 의문문에 대한 대조 연구로는 李吉子(2002), 河晰兰(2005), 张尹琼(2005), 孫麗麗(2007), 金香花(2007), 婁珺(2007,2012), 李花子(2010), 喬宇博(2010), 候文玉(2012), 呂禮強(2012) 등이 있다.

의문문에 관한 연구 중에서 가장 많이 언급된 의문사에 관한 연구에는 李吉子(2002), 河晰兰(2005), 郭宁(2006), 전송애(2008), 곽효동(2010), 张尹琼(2005), 李花子(2010), 유환(2012), 候文玉(2012) 등이 있다. 候文玉(2012)은 먼저 한국어와 중국어 의문사를 조어법, 문장론, 의미론적 차원에서 살펴본 다음에 한국어 의문사와 중국어 의문사의 대응관계 분석을 시도했다. 곽효동(2010)은 한·중 의문사를 품사별로 대조·분석했다. 李吉子(2002), 河晰兰(2005), 张尹琼(2005), 전송애(2008), 陳希(2009) 등은 개별적인 의문사를 대상으로 대조·분석했는데 李吉子(2002), 河晰兰(2005)는 한국어의 '무엇'과 중국어의 '什么'를 대조·분석하고 张尹琼(2005)은 한국어 의문사 '누구', '무엇'과 중국어 의문대사 '谁', '什么'를, 전송애(2008)는 한국어 의문사 '누구'와 중국어 의문대사 '谁'를 대조·분석했다. 陳希(2009)는 담화 표지로서의 한국어 의문사 '뭐'와 중국어 의문대사 '什么'를 대조·분석했다. 유환(2012)은 한·중 의문문의 반문 용법을, 李花子(2010)는 한중 의문문의 부정 표현을 대조·분석했다.

의문형 종결어미에 관한 연구로는 주로 서소나(2013), 장혜청(2013) 등이 있다. 개별 의문문에 대한 연구는 孫麗麗(2007), 李花子(2010) 등이 있는데 孫麗麗(2007)는 한국어의 판정 의문문과 중국어의 사비 의문문의 형식과 의미를 대조·분석하고 李花子(2010)는 한·중 의문문의 부정적인 표현에 대해 대조·분석했다. 이외에 왕예(2010)는 한·중 의문문의 유형과 의미를 대조한 다음 화행론 차원에서 한국어 의문문의 제보적 기능과 지령적 기능을 살펴보고 곽효동(2010)은 한·중 의문사과 개별적인 의문문 유형을 대조·분석했다.

의문문에 관한 개관적인 연구로는 왕페이(2011), xingxiaofang(2012), 呂禮强(2012) 등이 있다. 왕페이(2011)는 한·중 의문문의 정의, 유형, 형식적 특성과 의미적 특성을 대조·분석했다. 呂禮强(2012)은 한·중 의문문을 생성수단, 통사적 특징, 의문사의 화용론적 기능 등 세 분야에서 대조·분석했다. xingxiaofang(2012)은 한·중 의문문의 구성요소와 유형을 개관적으로 대조·분석했다. 구성요소에 관한 대조는 주로 한국어 의문형 어미와 중국어 어기조사를 위주로 진행했다. 유형에 관한 대조는 의문문을 전형적인 의문문과 특수 의문문으로 나눠서 전형적인 의문문의 하위 분류인 판정 의문문, 설명 의문문, 선택 의문문과 특수 의문문의 하위 분류인 수사 의문문, 요청 의문문, 반문 의문문으로 대조·분석했다.

2.2. 한국어 교육에서 의문문에 관한 연구

한국어 교육에서 의문문에 관한 연구는 시작된 지 얼마 되지 않았으나 국어학 연구 성과와 긴밀한 관계를 맺으면서 상당한 성과를 거두고 있다. 한국어 교육에서 의문문 연구는 실용적인 측면에서 외국어로서의 한국어 교육에 큰 도움이 되었다. 한국어 교육에서 의문문에 관한 연구는 주로 김상희(1997), 한지현(2007), 안윤미(2007), 조세영(2008), 이준호(2008), 허연경(2009), 오은아(2012), 이춘염(2013), 진강려(2011, 2013, 2014) 등이 있다.

한국어 교육에서 의문문에 관한 연구는 수사 의문문, 부정 의문문, 반어 의문문, 의문문의 화행에 집중되어 있다. 수사 의문문에 관한 연구로는 한지현(2007), 서희정(2011), 오은아(2012), 이승연(2012) 등이 있다. 한지현(2007)은 한국어 교재에 관한 분석을 바탕으로 수사 의문문의 담화맥락을 연구했다. 수사 의문문의 특징을 '부정사(의문사)와의 통합관계', '부사와의 통합관계', '부정 표현 실현', '초분절적 특성', '관용 표현의 특성'이라는 5가지 측면에서 살펴보고 수사 의문문의 다양한 담화기능에서 '강조 기능'과 '진술 기능'을 중점적으로 다루었다. 서희정(2011)은 드라마 대본에 나타난 '무슨' 수사 의문문을 대상으로 수사 의문문의 의미기능, 유형, 제시 형태, 담화 기능, 예문 등 교육 내용을 제시하였다. 오은아(2012)는 한길(2005)과 이종철(2004)의 연구 성과를 바탕으로 드라마를 활용한 수사 의문문 교육 방안을 고찰했다. 이승연(2012)은 고급 단계의 한국어 학습자들이 필자의 주장이나 의도를 명확히 드러낼 수 있도록 수사 의문문을 교육할 필요가 있다고 주장하고, 이런 목적으로 수사 의문문의 형태와 의미 교육 내용을 정리하여 제시했다.

부정 의문문에 관한 연구로는 안윤미(2001), 김성화(2010), 진강려(2011), 이춘염(2013) 등이 있다. 안윤미(2007)에서는 한국어 학습자를 위한 부정 의문문 교육 방안을 설계할 목적으로 화행이론을 가지고 한국어 부정 의문문의 의미와 기능을 분석한 다음, 모국어 화자와 외국인 학습자들의 부정 의문문의 질문과 응답 방식을 살펴보았다. 김성환(2010)은 설문지, 면담, 교재 분석 등의 조사를 통해서 중국인 학습자들이 '예'와 '아니오'로 부정 의문문을 대답하는데 오류를 범하고 있다는 사실을 밝혀내고, 오류가 생기는 원인을 규명하려 하였다. 진강려(2011)

는 설문 조사를 통해 부정 의문문의 확인 기능, 명령 기능, 진술 기능 등 다양한 사용 양상을 살펴보고 분석했다. 이춘염(2013)은 중국인 중·고급 한국어 학습자를 대상으로 한 한국어 부정 의문문의 교육을 살펴보았다. 부정 의문문의 의미 기능을 청자에 대한 행위 요구 유부에 따라 행위 유도 기능과 화자 전제 진술 기능으로 나누었다. 그중 행위 유도 기능은 다시 명령 기능, 요청 기능과 제안 기능으로, 전제 진술 기능은 불만 제기 기능, 동조 유도 기능, 추측 기능, 확인 기능과 환기 기능으로 세분화하였다.

화행이론으로 의문문을 살펴본 연구는 이준호(2008), 진강려(2013, 2014) 등이 있다. 이준호(2008)는 완화장치로서의 의문문을 적극적으로 교육할 필요성이 있다고 주장하고, 한국어 교재를 분석하여 실제 한국어 교재에서 의문문이 통사적 완화장치로 사용되는 예가 많지 않음을 밝혀냈으며, 이러한 단점을 극복하기 위하여 탐구 학습을 활용하는 접근법을 제안하였다.

진강려(2013)는 공손성 원리, 간접성 원리 및 적합성 이론으로 의문문의 간접화행 생성 원리를 제시했다. 의문문의 간접화행을 요청·명령 기능 및 진술 기능으로 나눠서 논의의 기본 틀로 삼고 중국인 학습자들의 의문문 간접화행의 이해 및 사용 양상을 살펴본 다음에 의문문 간접화행의 교육 방안을 모색했다. 그리고 의문문 간접화행을 실현하는 데 필요한 문법 항목 교육 내용은 '-ㄹ까', '-ㄹ래'같은 종결 어미, '-겠-'과 같은 선어말 어미 또는 '-다고'와 같은 복합형 어미로 구성된 종결 표현, '-ㄹ 수 있다'와 같은 복합 구성 또한 부정 의문문, 수사 의문문과 같은 문장형이 포함된다고 지적했다. 진강려(2014)는 의문문의 지시화행의 기능을 살펴본 다음 모국어화자와 중국인 한국어 학습자의 의문문 지시화행의 사용 양상을 대조·분석했다.

의문문은 반어법이 이루어지는 중요한 수단으로 반어법에 관한 논의가 많이 언급되었다. 의문문 상관 반어법 연구에는 조세영(2008), 이지혜(2010)가 있다. 조세영(2008)은 의문문을 반어법을 이루는 중요한 수단으로 보고 한길(2005)의 연구 성과를 바탕으로 반어법 목록을 선정했다. 이지혜(2010)는 일본인 한국어 학습의 한국어 반어적 의미에 대한 연구에서 의문문의 반어적 용법을 언급했다. 설문조사와 사후 인터뷰를 통해서 학습자들의 반어적 의미에 대한 이해 양상을 제시하고 논의했다.

이외에 김주연(2006), 황현숙(2006), 박해연(2007), 이진선(2009), 이효신(2013), 민혜경(2013) 등은 한국어 의문문의 억양에 대해 논의하고 김상희(1997)는 판정 의문문의 응답 방식을 연구했다. 허연경(2009)은 의향을 나타내는 의문형 종결어미 '-(으)ㄹ까'와 '-(으)ㄹ래'를 대상으로 이동석, 김보은(2014)은 '-냐'계의 의문형 종결어미를 대상으로 의문형 종결어미에 초점 두고 연구했다. 이현의(2005)는 일본인 한국어 고급 학습자를 대상으로 한국어 의문문의 초점 발화와 지각 양상을 연구하였고, 정해권(2010)은 중간언어 학설에 의하여 한국어 의문문 습득의 중간언어를 연구했다. 한국어 학습자들이 표현에 나타나는 발달 양상과 이해에 나타나는 발달 양상에 대한 분석을 통하여 의문문 발달 양상에 대한 단계별 구조와 유형을 밝혔고, 최연(2010)은 한·중 대조를 중심으로 한국어 교육 현장에서의 의문문 형태와 교육 현황을 제시했다.

이상에서 살펴보았듯이, 한국어 교육에서 의문문에 대한 선행 연구는 국어학적 연구 성과를 토대로 이루어졌으며 주로 의문문의 일부분에 관심을 두고 논의되어 왔다. 한국어 교육에서 의문문에 대한 전반적인 논의는 아직 없고, 의문문의 체계적인 교육을 탐구하는 연구도 미진한 상태이다. 최근 진강려(2013)가 간접화행 이론을 활용해서 의문문의 요청·명령 기능 및 진술 기능을 살펴보고, 의문문 간접화행을 실현하는 데 필요한 문법 항목 교육 내용을 제시한 것은 한국어 교육에서 의미가 있다. 하지만 이 연구는 요청·명령 기능 및 진술 기능에만 초점을 두어 의문문의 다양한 의사소통 기능을 전반적으로 다루지 못하고 있으며, 체계적이지 않다는 한계점이 있다. 따라서 본고에서는 선행 연구를 바탕으로 외국인 학습자들이 수용하기 쉽게 의사소통 기능을 중심으로 의문문을 분류하고 체계적인 교육 내용을 정리한 후, 이에 대한 효율적인 교육 방안을 모색하고자 한다.

3 대조언어학과 외국어 학습

대비는 인간이 세계를 인식하고 연구하는 기본 방법의 하나로써 언어학에서도 중요한 연구 방법으로 많이 사용되고 있다. 외국어 교육현장에서 모국어와 목표어의 대조를 통하여 학습 효과를 향상시키는 접근법은 이미 외국어 교육 연구의 중요한 일환으로 인정을 받았다. 중국인 학습자를 위한 효율적인 의문문 교육을 위하여 본 절에서 한·중 의문문의 다양한 의사소통 기능을 실현하는 문법적 요소를 대조·분석하고자 한다.

3.1. 대조언어학과 인접 학문

비교·대조의 방식으로 언어를 분석하는 언어학 유형은 주로 대조언어학, 비교언어학, 언어유형론 등이 있는데 본 절에서는 각각의 특성을 간략히 알아보겠다. 허여룡(許余龍, 1992:12)은 언어에 대한 대비 연구는 서로 교차되는 두 개의 좌표축에 의해 네 분야로 이루어진다고 했다. 아래 〈그림 1〉을 보면 시간 좌표축은 통시와 공시로 나누어지고 대상 좌표축은 언어 내 연구와 언어 간 연구로 나누어진다.

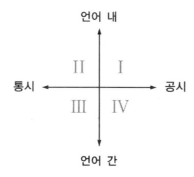

〈그림 1〉 대비에 의한 언어 연구의 네 분야

'분야 I'은 해당 언어의 특정한 시기의 음운적, 형태적, 통사적, 표현 담화적 특징을 연구 대상으로 하여 공식적인 언어 내 특징을 비교·분석한다. '분야 II'는 해당 언어의 변천을 통시적인 시각으로 연구하는 분야로 한 언어가 상이한 역사 시기에 따라 어떻게 달라지는가를 비교하여 언어의 변천사를 연구한다. '분야 III'은 언어 간의 상관관계를 통시적인 시각으로 연구하는 분야로 상이한 언어를 비교하여 특정 언어 간의 차이점과 유사점을 연구하는 것이다. '분야 IV'는 주로 언어 간의 공시적인 대조를 통해서 상이한 언어에 나타난 음운적, 형태적, 통사적, 표현 담화적 특징을 대조·연구하는 것이다.

이어서 위의 좌표에 의해 이루어진 4개 분야를 통해 비교·내조에 의해 파생된 언어학의 하위 분류인 '대조언어학', '비교언어학', '언어유형학'을 살펴보겠다.

3.1.1. 비교언어학

비교언어학(comparative linguistics)은 역사비교언어학의 준말로서 주로 언어의 통시적인 변화를 연구하고 언어의 변천사와 언어 간의 친족관계를 밝히는 학문이다. 비교언어학의 연구 영역은 아래 〈그림 2〉에 제시한 것처럼 '분야 III'에 해당한다.

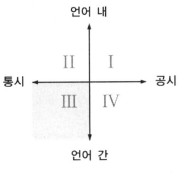

〈그림 2〉 비교언어학의 연구 분야

그림을 통해서 대조언어학과 비교언어학의 연구 대상이 다르다는 것을 쉽게 파악할 수 있다. 대조언어학은 주로 공시적인 시각으로 대상이되는 언어를 연구하고 비교언어학은 주로 통시적인 시각으로 언어를 연구한다. 비교언어학은 같은 계통에 속하는 언어의 비교를 통하여 특정언어 간의 상호 관련성을 밝히는 데 목적을 두며 언어 간의 차이점보다언어 간의 공통점에 더 관심을 둔다. 반면, 대조언어학은 상이한 언어의비교하고, 이를 외국어 학습에 응용하는 데 목적을 두기 때문에 언어간의 공통점보다 언어 간의 차이점에 더 관심이 있다. 허용(2013:3)은대조언어학은 외국어 교육 등 실용적인 목적에서 출발한 응용언어학적성격이 강한 반면 비교언어학은 보편성과 특수성 등 언어에 대한 이해에목표를 두는 이론적 성격이 강하다고 했다. 허용(2013:3)은 비교언어학과 대조언어학의 특징을 간략히 아래 〈표 1〉과 같이 정리했다.

〈표 1〉 비교언어학과 대조언어학의 대비

	비교언어학	대조언어학
관심 영역	해당 언어 간의 공통점	해당 언어 간의 차이점
목 적	보편성과 특수성 등 언어에 대한 이해	외국어 교육 등 실용적인 분야에서의 활용
접근 방법	통시적 접근	공시적 접근
언어학적 분류	이론언어학	응용언어학

3.1.2. 언어유형론

언어유형론(linguistic typology)은 세계의 여러 언어들을 조사하여 공통적인 특징을 파악하고 이를 바탕으로 유형을 분류하는 연구이다. 연구 영역은 아래 〈그림 3〉에 제시한 것처럼 '분야 IV'에 해당한다.

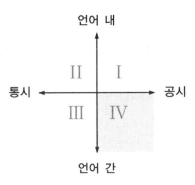

〈그림 3〉 언어유형론의 연구 분야

　대조언어학과 언어유형론의 연구 대상은 '분야 IV'에 중첩되지만 연구의 목적이 서로 다르다. 대조언어학은 상이한 언어의 비교를 통하여 언어 간의 차이점을 밝히고 외국어 학습에 응용하는 데 목적을 둔다. 예를 들면 중국어 발음과 한국어 발음을 대조하여 중국인 학습자들이 한국어 받침을 정확하게 발음하지 못하는 원인을 찾는 작업이 대조언어학의 연구 분야이다. 이와는 달리, 언어유형론은 여러 언어의 대비를 통하여 언어의 유형을 파악하고 인간의 언어 유형 체계를 세우는 데 목적이 있다. 결과적으로 언어유형론은 언어 간의 차이점보다 언어의 공통점에 더 관심을 가진다. 예를 들면, 한국어, 수메르어, 일본어를 대비하여 언어 간의 공통점으로 교착어의 체계를 세우는 작업이 바로 언어유형론의 연구 내용이다. 많은 학자들은 대조언어학이 구체적인 문제를 연구하는 것과 달리 언어유형론은 추상적인 문제를 연구한다고 한다. 허용(2013:3)은 언어유형론과 대조언어학의 특징을 간략히 〈표 2〉와 같이 정리했다.

〈표 2〉 대조언어학과 언어유형론의 대비

	언어유형론	대조언어학
관심 영역	언어 간의 공통점	언어 간의 차이점
중시 분야	보편성, 전체적인 조감도	개별성, 구체적인 특징
접근 방법	공시적 접근	공시적 접근
언어학적 분류	이론언어학	응용언어학

3.1.3. 대조언어학

대조언어학(contrastive linguistics)은 주로 공시적인 시각으로 대상이 되는 언어의 특징을 파악하고 다른 언어들과의 차이점과 유사점을 밝히는 학문으로 연구 초기에 '대조·분석(contrastive analysis, 줄여서 CA라고도 한다)'이라고 하였다. 아래 〈그림 4〉에 제시한 것처럼 대조언어학의 연구 영역은 주로 '분야 I'과 '분야 IV'에 해당한다.

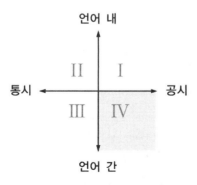

〈그림 4〉 대조언어학의 연구 분야

과거 대조언어학은 다른 언어들 간의 대비를 많이 했었지만, 요즘은 한 언어 내에서 각 부분을 대비하는 작업도 많이 하고 있다. 외국어 학습에서 위에 언급한 모국어와 목표어의 대조 이외에 모국어 내부의 대조도 필요하다. 즉, 목표어 내 혼동하기 쉬운 항목에 대한 대조를 통해서 변별하기 어려운 대상을 구별하여 파악하는 것이다. 예를 들어, 학습자들이 헷갈리기 쉬운 한국어 의문형 종결어미 '-ㄹ래요'와 '-ㄹ까요'의 대조·분석을 통하여 학자들로 하여금 기능이 유사한 두 개 문법 항목을 구별하고 파악하게 한다. 단적으로 이야기하면 효율적인 외국어 학습을 위해 이루어지는 대조·분석은 학습자의 모국어와 목표어 간의 대조·분석과 목표어 내 유사한 항목 간의 대조·분석 두 가지로 구성된다. 본문은 한국어와 중국어 간의 대조·분석 이외에 한국어에서 기능이 유사한 의문형 종결어미의 대조·분석도 같이 병행한다.

〈표 3〉 대조언어학의 내용

외국어 학습에서 이루어지는 대조·분석	모국어와 목표어 간의 대조·분석
	목표어 내 유사한 항목 간의 대조·분석

3.2. 의문문 교육에서의 대조언어학의 역할

외국어 학습에 미치는 여러 가지 요인 중에서 학습자의 모국어는 가장 중요한 요인 중의 하나이다. 언어는 일정한 규칙으로 이루어지는 체계이므로 서로 다른 언어체계에서는 구성방식과 사용규칙이 다르다. 다수의 언어 학습자는 모국어 언어 체계의 인지 기초를 바탕으로 외국어를 배우기 때문에 모국어의 영향을 받는다. 이에 학습자의 모국어와 배우고 자 하는 목표어의 대조가 필요하다. Brown(2010:107)은 인간은 새로운 문제를 접하면 기존의 인지 구조 내에서 통찰, 논리적 사고, 다양한 가설 검증 등 선행 경험과 자신의 인지 구조를 충분히 활용하여 그 문제를 해결한다고 했다. 이와 같이 외국인 학습자들도 목표언어를 배울 때 기 존의 인지 구조 내에서 모국어의 언어 규칙을 활용하여 의사소통 문제를 해결하려는 경향이 있다. 학습자가 외국어를 학습하는 과정은 바로 외국 어와 모국어를 비교하는 과정이며 이 과정에서 학습자는 불가피하게 모 국어의 영향을 받는다. 대조언어학은 행동주의 심리학의 영향으로 '전 이'라는 개념을 도입하여 이러한 문제를 잘 설명하고 있다. 미국의 언어 학자 Terence Odlin은 외국어 습득 과정에서 모국어의 긍정적 전이 (positive transfer)와 부정적 전이(negative transfer)를 동시에 받는다고 한다.[1] 부정적 전이는 언어 간의 영향 때문에 실수, 과잉이나 부족, 오해 등을 초래하여 모국어 화자와 비모국어 화자 간에 다른 행동을 발생시키 며 언어학습을 방해한다. 이에 반해 긍정적 전이는 언어 간의 유사성 때문에 언어학습을 촉진시킨다. 영어나 독일어, 프랑스어를 모국어로 하 는 한국어 학습자들의 경우에는 한자어를 습득하는 데에 많은 어려움을 보이지만 이들과 달리 중국어나 일본어를 모국어로 하는 학습자들의 경 우는 한자어를 익히는 데 상대적으로 용이하다. 대조·분석으로 한국어 와 중국어의 유의점과 차이점을 찾아내고 학습자의 오류를 결합해서 분 석하면 외국어 학습에 대한 긍정적 전이가 늘어나면서 부정적 전이가

---

[1] 학자들에 따라 긍정적인 전이는 적극적 전이라고 부르기도 하고 부정적인 전이 는 소극적인 전이나 간섭이라고 부르기도 한다.

감소하고 효율적인 학습이 이루어질 수 있다.

대조언어학은 학습자 모국어의 음운적, 형태적, 통사적, 담화적 대조를 통해서 학습자들이 외국어 학습의 난점을 예견하고 대응하는 해결방안을 미리 마련하는 데 목적이 있다. 대조·분석의 결과로 모든 오류를 예측할 수는 없지만 학습 과정에서 산출된 오류의 원인을 규명하는 데에 도움이 된다는 것은 많은 학자들로부터 인정을 받았다. 따라서 대조·분석을 외국어 학습 연구에 합리적으로 결합하면 외국어 학습의 난점을 미리 식별하여 오류가 발생할 수 있는 형태를 예측하거나, 모국어 화자와 학습자가 목표어를 사용하는 양상을 대조하여 다양한 전이 규칙을 예측하는 데에 효과적일 수 있다. 따라서 대조·분석은 외국어 교육에서 난점을 예견하고 오류를 분석하는 데 효율적으로 적용할 수 있는데, 이는 4개의 기본 단계를 거쳐야 한다.

첫 단계는 서로 다른 언어에서 같은 내용을 선택하고, 이를 대조·분석을 통하여 모국어와 목표어의 차이점을 파악한다. 두 번째 단계는 이런 대조·분석을 통하여 학습의 난점을 예측하고 예측된 난점에 대한 설문 조사를 설계한다. 설문 조사는 주로 예견된 난점에 관한 내용으로 작성하고 모국어 화자와 외국어 학습자들의 목표어의 사용 양상을 대조·분석한다. 세 번째 단계는 설문 조사 결과를 통하여 예견을 검증하고 조사에서 나온 오류를 분석한다. 설문 조사에서 모국어 전이로 인해 생긴 오류를 단계1에서 모국어와 목표어의 대조 결과에 의해 분석하고 예견을 다시 수정한다. 네 번째 단계는 분석한 결과에 따라 예견을 다시 수정하고 외국어 교육에 응용하는 것이다. 위의 단계적 절차를 정리하면 〈그림 5〉와 같다.

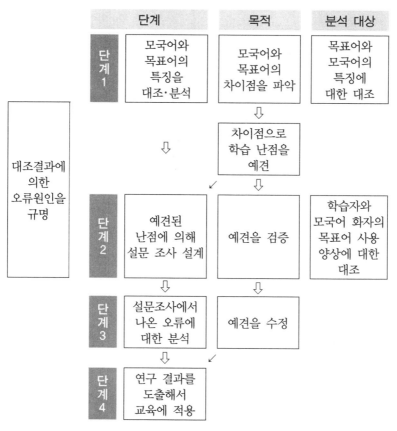

〈그림 5〉 외국어 교육에서 대조·분석의 적용 절차

위의 외국어 교육에서의 대조·분석 적용 절차를 바탕으로 한 본고의
대조·분석 절차는 〈그림 6〉과 같다.

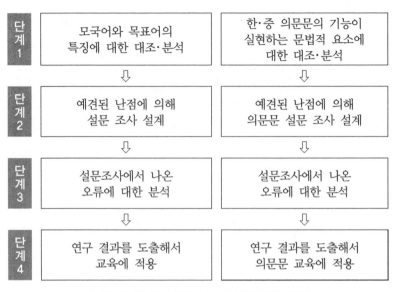

〈그림 6〉 한·중 의문문 대조·분석의 적용 절차

첫 단계에서는 한국어와 중국어의 대조를 통해서 의문문의 기능이 실현되는 문법적 요소의 차이점을 밝히고 중국인 한국어 학습자의 학습 난점을 예측할 것이다. 그 다음에 예측된 난점에 대한 설문 조사를 설계하고, 중국어 학습자와 모국어 화자의 한국어 의문문 사용 실태를 대조·분석할 것이다. 세 번째 단계에서는 설문 조사 결과에 의한 예견을 검증하고 잘못된 예견을 수정하고자 한다. 조사 결과에서 나온 중국어 전이로 인해 생긴 오류는 첫 단계의 한·중 대조·분석 결과와 결합하여 분석할 것이다. 마지막 단계는 연구 결과를 도출하여 한국어 의문문 교육에 적용한 후 의문문의 교육 내용을 정리할 것이다.

4 한·중 의문문 기능 실현 요소의 실제

대조·분석의 전제는 분석 대상이 동질적인 성향을 가져야 한다는 것이다. 이는 한국어 의문문과 중국어 의문문을 대조·분석하기 전에 의문문이 속하는 문법 범주부터 살펴볼 필요가 있음을 시사한다. 한국어 의문문은 서법의 하나로 간주되며 평서문, 명령문, 청유문, 감탄문과 함께 한국어의 서법 체계에 포함된다. 서법이란 화자의 청자에 대한 생각이나 태도가 문장의 종결어미에 나타나는 것이다. 박덕유(2012:210)에서 의문문은 화자가 청자에게 질문하여 그 대답을 요구하는 문장 종결 양식으로, 단순한 서술에 머물지 않는다는 점에서 평서문이나 감탄문과 다르고, 어떤 행동을 요구하지 않는다는 점에서 명령문이나 청유문과 다르다고 했다. 위의 분석을 통해서 알 수 있듯이 한국어 의문문의 상위 범주인 서법과 중국어 의문문의 상위 범주인 어기는 모두 화자의 생각이나 태도를 나타낸다는 점에서 비교할 만한 과제이다.

중국어에서 의문문은 어기(語氣)범주로 다뤄져 왔다. 왕력(王力)(1985:161)에서는 사람들이 종종 객관적으로 일을 서술하지 못하는 경우가 많고 대부분 발화에 어느 정도의 감정이 들어 있다고 했다. 이러한 감정은 흔히 억양2)으로 나타내지만 억양만으로 모든 감정을 드러낼 수 없으므로 중국어에서는 허사(虛詞)3)가 억양을 도와 다양한 감정을 분명하게

---

2) 중국어에서는 이를 어조(語調)라고 부르지만 한국어의 억양과 같은 뜻으로 쓰이기에 본고에서는 이해의 편의를 위해 억양이라는 용어를 사용하였다.
3) 중국어에서 실사(實詞)는 문법적 기능과 의미를 함께 가지고 있는 어휘를 가리키는 데 반해 허사(虛詞)는 독립된 의미를 가지지 못하고 문법적인 기능만을

나타나게 한다. 이처럼 언어로 각종 감정을 드러내는 방식을 어기(語氣)라고 한다. 형복의(邢福義)(1991)에서는 어기에 따라 중국어 문장을 진술(陳述), 감탄(感歎), 기사(祈使), 의문(疑問)과 같이 네 가지 유형으로 나눈다.

위의 분석을 통해서 알 수 있듯이 한국어 의문문의 상위 범주인 서법(敍法)과 중국어 의문문의 상위 범주인 어기(語氣)는 모두 화자의 생각이나 태도를 나타낸다는 점에서 비교할 만한 과제이다.

4.1. 한국어 의문문의 기능 실현 요소

한국어 의문문의 다양한 기능을 실현하는 문법적 요소를 구체적으로 제시하면 주로 의문형 종결어미, 의문사, 부정 표현, 부사, 통사구조 등이 있다.

4.1.1. 의문형 종결어미

의문형 종결어미는 의문문을 이루는 필수적인 요소이다. 의문형 종결어미는 문장의 끝에 위치하여 문장이 의문문임을 나타낸다.

> (1) ㄱ. 매일 운동을 하니?
> ㄴ. 각 계절에 따른 사람들의 생활 모습은 어떻습니까?
> ㄷ. 너 엄마한테 또 혼났다면서?

가지는 어휘를 말한다.

위의 예문들이 의문문으로 인식되는 것은 '-니, -습니까, -다면서' 등의 의문형 종결어미에 의해 이루어진 것이기 때문이다. 의문문 어미는 문장을 의문문으로 성립시키는 형태적인 표지이면서 의문문을 이루는 기본 요소이다.

4.1.2. 의문사

의문사는 화자가 자신이 알고자 하는 내용에 대해서 의문을 나타내는 데에 사용되는 어휘적인 요소이며 특히 설명 의문문에서 가장 중요한 요소이다. 박종갑(1987:22)은 의문사를 의문문에서 화자가 모르거나 알기를 원하는 정보의 내용을 유형별로 제시하는 기능을 수행하는 일련의 어휘들을 가리키는 것으로 보았다. 의문사는 의문문을 이루는 필수적인 요소는 아니지만 의문문을 형성하는 데 중요한 역할을 한다. 의문사는 질문에 초점이 있으면 의문사의 역할을 하지만, 질문에 초점이 놓여 있지 않거나 서술, 명령, 청유 등의 기능으로 사용되는 발화에서는 미정사(부정사)가 된다(이창덕, 1992:122). 한편 이은섭(2005:71)은 한국어 의문사의 유형을 의문 대명사, 의문 수사, 의문 관형사, 의문 부사, 의문 동사, 의문 형용사와 같은 체계로 정리한 바가 있다.

　가.　의문 대명사: 누구, 무엇, 어디, 언제
　나.　의문 수사: 몇, 얼마
　다.　의문 관형사: 무슨, 어느, 어떤, 어인, 어쩐, 웬
　라.　의문 부사: 어떻게, 왜, 어찌
　마.　의문 동사: 어찌하-, 어떠하-, 어쩌-

바. 의문 형용사: 어떠하-

4.1.3. 부정 표현

한국어에서 부정 표현은 단독으로 의문문을 이루지는 못하지만 의문문의 비의문 기능을 이루는 데 완화 장치나 강조 장치로 많이 쓰인다. 예를 들어 명령 기능을 수행하는 의문문은 부정 표현을 동반하는 경우가 많고, '부정+의문'의 방식으로 강한 명령 기능을 수행한다. 화용론에서 이중부정이 긍정을 나타낸다는 규칙과 비슷하게 '부정+의문'의 형식 역시 화자의 강경한 태도를 보여준다.

(2) ㄱ. 빨리 일어나!
ㄴ. 빨리 일어나지 못해?

위의 예문 (2ㄴ)은 부정 표현과 의문형 종결어미의 결합으로 (2ㄱ)보다 화자의 강한 태도를 드러낸다. 한편 부정 표현은 완화장치로도 기능하는데, 주로 부탁 화행을 수행하는 경우가 이에 해당한다. 예문 (3)과 같이 한국어 화자들은 의문문으로 부탁 화행을 수행할 때 체면을 지키려는 완화장치로 부정 표현을 사용한다.

(3) ㄱ. 같이 가지 않겠어?
ㄴ. 같이 가지 않을래요?

위의 예문 (3)은 화자가 상대방에게서 거절을 당할까봐 미리 체면 손

상 방지의 장치로 부정 표현을 사용한 것이다.

4.1.4. 선어말 어미 '—겠—'

의문문의 다양한 기능을 실현해 주는 요소에는 종결어미 이외에 선어말 어미 '-겠-'이 있다. 선어말 어미 '-겠-'은 미래시제라는 기본 의미를 갖고 있고, 미래시제가 가지고 있는 불확실성, 미확인성, 미실현성 등으로 인하여 추측과 의도라는 양태적 의미를 표출한다(박현주, 2011:3). 이리하여 국어학에서 선어말 어미 '-겠-'은 양태 범주에서 다뤄지는 경우가 많다. 앞에서도 언급했지만 의문문은 의문 기능만 수행하는 것이 아니고 의향, 추측 등 다양한 기능을 수행한다. 양태 표현으로서의 '-겠-'은 추측과 의지를 나타내므로 추측이나 의향 기능을 수행하는 의문문과 같이 공기되는 경우가 많다.

> (4) ㄱ. 논문을 좀 봐 주시겠어요? (의향 기능)
> ㄴ. 음식을 이렇게 넉넉히 준비했는데 설마 음식이 모자라는 건 아니겠지요? (추측 기능)

4.1.5. 부사

국어학에서 부사는 의문문을 이루는 형식적인 요소로 보지 않지만, 의문문의 다양한 기능, 특히 비의문 기능을 수행하는 데 부사가 중요한 역할을 한다는 것은 인정하고 있다. 박지숙(2002)에서는 이같이 의문형 종결어미와 호응하여 의문법으로 쓰임으로써 화자의 심리적 태도를 드러내는 부사류를 의문형 서법 부사라고 했다. 이창덕(1992:32)에서는 이 같은 의문형 서법 부사를 의문문의 다양한 기능을 이루는 공기 요소로 보고 기능을 확정해 주는 표지로 보았다.

(5) ㄱ. 할아버지께서 <u>혹시</u> 망령이 드신 게 아닐까요? (추측)
   ㄴ. 그가 <u>설마</u> 간첩이란 말이냐? (추측)
   ㄷ. 그 사람이 <u>도대체</u> 누구입니까? (질문)
   ㄹ. 식물에도 정신세계가 있다는데 <u>하물며</u> 동물은 어떠하겠는가?
      (제보)
   ㅁ. 돈은 필요 없고 마음만이라도 편하게 살면 <u>오죽</u> 좋겠는가?
      (정표)

예문 (5)에서 부사는 의문형 종결표현과 공기해서 추측, 제보, 정표 등 다양한 기능을 수행한다. 대부분 상황에서 의문형 서법 부사가 없어도 문장이 수행하던 기능을 그대로 수행할 수 있지만, 의문 부사와 공기하면 화자의 의도가 더 명확해지고 문장의 기능이 더 뚜렷하게 실현된다. 특히 예문 (5ㄹ), (5ㅁ)처럼 부사가 빠지면 기능을 이루지 못하는 경우도 있다.

4.1.6. 구문 표현

구문 표현에 해당되는 범주는 국어학에서 많이 연구되었지만 통일된 용어로 정리되지는 못했다.[4] 본고에서는 최윤곤(2010)에서 제시한 정의

---

4) 김혜진(2012:15)에 따르면 구문 표현은 학자에 따라 '결합형', '인접 공기어', '목합 형식', '표현항목', '표현문형', '표현', '덩이형태', '덩이표현', '패턴', '관용표현'

에 따라 구문 표현을 설정하고자 한다. 구문 표현이란 체언, 용언 등의 어휘 요소와 조사, 어미 등의 문법적 요소가 결합하여 의미·통사적으로 하나의 기능을 갖는 것이다. '설마 −는/은/ㄴ 건 아니겠지요?'와 같은 구문 표현은 부사 '설마', 명사 '것', 부정사 '아니다'와 관형사형 어미 '−는/은/ㄴ', 어말어미 '−겠−', 의문형 종결어미 '−어요'의 서로 다른 세 요소가 통합된 표현이다. 구문 표현 '−ㄴ/은들 −겠어요'는 조사 '−ㄴ/은들'과 선어말어미 '−겠−', 의문형 종결어미 '−어요'의 서로 다른 여러 요소들이 통합된 표현이다. 이와 같은 구문 표현은 문법적 요소와 어휘 요소가 결합되어 굳어진 덩어리 형태이고, 함께 공기해서 하나의 문법 기능을 수행한다. 아울러 몇 개의 의문문이 이루어진 구문 표현과 예문을 살펴보겠다.

① 설마 −는/은/ㄴ 건 아니겠지요?

  (6) ㄱ. 음식을 이렇게 넉넉히 준비했는데 <u>설마</u> 음식이 모자라는 <u>건 아</u>
       <u>니겠지요?</u>
     ㄴ. 그럼요, 걱정 마세요. 넉넉할 거예요.

② −다/자/냐/라는 말이에요?

  (7) ㄱ. 매일 아침을 당신과 함께 했으면 좋겠습니다.
     ㄴ. 그 말은 지금 결혼하<u>자는 말이에요?</u>

등 여러 가지 용어로 제시된다.

요컨대 예문 (6)은 추측 기능을 수행하고 예문 (7)은 질문 기능을 수행하는데 '설마 -는/은/ㄴ 건 아니겠지요?'와 '-다/자/냐/라는 말이에요?'는 각각의 문장에서 분리되지 못하는 덩어리 형태로 사용하게 된다. 외국인 학습자들은 의문문의 다양한 기능을 잘 사용하려면 이 같은 구문 표현도 학습할 필요가 있다.

4.2. 중국어 의문문의 기능 실현 요소

중국어 의문문의 다양한 기능을 실현하는 문법적 요소는 주로 '의문 어기사', '의문대사', '의문 부사', '양태동사', '통사구조' 등이 있다.

4.2.1. 의문 어기사(疑問 語氣詞)

중국어 의문 어기사는 문장의 끝에 위치함으로써 의문 어기를 나타내는 품사이다. 중국 학자들의 의문 어기사 연구에 의하면 의문 어기사는 주로 '呢, 吗, 吧'를 꼽는다.[5] '吗'는 주로 시비 의문문[6]에서 사용되어 '예'나 '아니요'로 대답을 기대한다. '呢'는 주로 특지 의문문,[7] 선택 의문

---

5) 의문 어기사는 초기에 '吗, 么, 呢, 吧, 啊, 呀, 哇, 哪'(呂叔湘, 1982; 丁树声, 2002)로 인식되었으나 많은 학자들의 시험 결과와 비교연구를 통해서 이제 일반적으로 '吗, 呢, 吧'로 인식되고 있다(兰巧玲, 2007:14).

6) 시비 의문문(是非疑問文)에서의 '是'는 긍정, '非'는 부정의 뜻으로 청자에게 긍정적인 대답이나 부정적인 대답을 요구하는 의문문을 일컫는다. 시비 의문문은 한국어에서 '예-아니오'로 대답하는 가부 의문문에 해당된다.

7) 특지 의문문(特指疑問文)이란 의문사로 미지 정보를 대체함으로써 미지 정보에 대한 제보를 요구하는 것이다. 특지 의문문은 한국어에서 설명 의문문에 해당된다.

문8)과 정반 의문문9)에서 사용되어 따지는 의미가 내포된다. '吧'는 '呢, 吗'보다 의문의 정도가 떨어지고 추측이 많이 나타난다.

   (8) ㄱ. 你是中级班的学生吗?　　(중급반 학생인가요?)
      ㄴ. 你愿意做我的妻子吗?　　(제 아내가 돼 주실래요?)
      ㄷ. 撑着了吧?　　　　　　　(너무 많이 먹었지?)
      ㄹ. 你是景玉的同屋吧?　　　(경옥의 룸메이트지요?)

  위의 예문에서 의문 어기사 '呢, 吗, 吧'가 없으면 의문 기능을 수행하지 못할 정도로 '呢, 吗, 吧'는 의문문을 이루는 중요한 문법 표지이다. 그러나 의문 어기사는 의문문을 이루는 필수적인 요소는 아니다. 아래 예문 (9)를 보면 의문대사 '哪儿(어디)', '谁(누구)'가 나타날 때, 의문 어기사 '呢, 吗, 吧'가 없어도 각 문장은 그대로 의문 기능을 수행할 수 있다.

---

8) 선택 의문문(選擇疑問文)이란 화자가 둘 또는 그 이상의 선택항을 제공하고 청자로 하여금 그중의 하나를 골라 응답하도록 요구하는 의문문이다.
9) 정반 의문문(正反疑問文)에서의 '正'은 긍정, '反'은 부정의 뜻으로 서술어의 긍정 형식과 부정 형식이 결합됨을 일컫는다. 화자가 이 같은 상반된 긍정적인 명제와 부정적인 명제를 청자에게 제공하고 청자에게 그중의 하나를 선택하여 대답하도록 요구하는 의문문이다. 정반 의문문과 선택 의문문은 모두 청자에게 두 개의 선택을 제공하지만 제공된 선택이 다르다. 선택 의문문의 선택항은 서로 다른 두 명제이지만 정반 의문문의 선택항은 같은 명제에서 파생된 상반 관계를 가진 두 명제이다.
(1) 你喜欢玫瑰花还是百合花? 장미꽃을 좋아하니? 백합화를 좋아하니?
(2) 你去不去图书馆?　　　　도서관에 갈 거니, 안 갈 거니?
예문 (1)에서 화자가 청자에게 '장미꽃을 좋아하니?'와 '백합화를 좋아하니?'의 두 개 서로 다른 선택항을 제공했는데 이 두 개의 선택항은 서로 다른 명제이다. 예문 (1)과 달리 정반 의문문인 예문 (2)는 화자가 청자에게 '도서관에 간다.'와 '도서관에 안 간다.'의 상반된 두 명제를 제공했다.

(9) ㄱ. 明天我们去哪儿(呢)?　　　(내일 어디로 갈까요?)
　　ㄴ. 你的偶像是谁(呢)?　　　　(너의 우상은 누구니?)

4.2.2. 의문대사(疑問代詞)

중국어에서 한국어 의문사와 대응하는 문법 범주를 의문대사라고 한
다. 아래 예문 (10)이 제시하는 바와 같이 의문대사는 의문문에서 화자
가 모르거나 알기를 원하는 정보를 대체하는 기능을 수행한다.

(10) ㄱ. 您找谁?　　　　　　　　(누구를 찾으세요?)
　　 ㄴ. 你打哪个领带?　　　　　(어느 넥타이로 할래요?)
　　 ㄷ. 你们什么时候离开北京? (언제 북경에서 떠나요?)

의문대사의 범주 및 분류는 아직 논쟁이 많고 정설이 없다. 의문대사
분류에 관한 많은 학설 중에서 여숙상(呂淑湘)(1944:184)의 기능에 의한
의문대사의 분류는 많은 학자들에게 인정을 받았으며, 후행 연구에서
많이 수용되었다.

〈표 4〉 중국어 의문대사의 하위 분류

분류	의문대사
사람이나 사물을 묻는 의문사	谁, 什么, 哪
장소를 묻는 의문사	哪儿, 哪里
성질, 상태, 행동, 방식을 묻는 의문사	怎么, 怎样, 怎么样
시간을 묻는 의문사	哪会儿, 多会儿
원인을 묻는 의문사	怎么,为什么
수량을 묻는 의문사	多, 多少, 几
정도를 묻는 의문사	多

4.2.3. 부정 표현

중국어 의문문에서 부정사 '不'과 '没(有)'를 단독적으로 사용하거나 다른 요소와 통합해서 이루어진 통사구조로 의문이 나타나는 경우가 많다. 여기에서는 부정사로 이루어진 대표적인 통사구조 'X不(X)'와 '술어+没(有)'를 예로 들어 설명하겠다.

① X不(X)

동일한 동사나 형용사를 부정사 '不'를 사이에 두고 문장 끝에 반복 사용하여 'X不(X)'의 형태로 의문을 나타낸다. 'X不(X)'형 구조는 화자가 어떤 행동이 발생할지 안 할지를 직접 묻는 방식으로 질문 기능을 수행한다. 이 구조는 동사나 형용사의 긍정적인 형태와 부정적인 형태를 동시 나열하는 방식으로 문장의 의문 초점이 된다.

(11) ㄱ. 你想不想吃饺子?　　　(만두를 먹을래요?)
　　　ㄴ. 教授喜不喜欢喝咖啡?　(교수님이 커피를 좋아하나요?)
　　　ㄷ. 要不要再买点泡菜?　　(김치를 좀 더 살까요?)

② 술어+ 没(有)

중국어 부정사 '没'나 '没(有)'는 '아니다', '없다'의 뜻인데 문장의 끝에서 '술어+没(有)'의 결합형으로 의문을 나타낸다.

(12) ㄱ. 做好心理准备<u>没有</u>?　　　(각오하고 있나요?)

ㄴ. 妈, 饭熟了<u>没</u>?　　　(엄마, 밥이 다 됐어요?)

ㄷ. 这课的生词写完了<u>没有</u>?　　　(새 단어를 다 썼어?)

ㄹ. 你看见我的书了<u>没有</u>?　　　(내 책을 봤어?)

4.2.4. 양태동사10)

문장은 양태와 명제로 이루어진다. 명제는 문장의 기본적인 의미 내용을 나타내고 양태는 명제를 제외한 화자의 심리적 태도를 나타낸다.11) 문장의 의미를 분석할 때 명제와 양태를 같이 분석해야 비로소 발화자의 의도를 파악할 수 있다. 중국어 양태 표현의 핵심 요소가 바로 양태동사이다. 황백영(黃伯榮)·료서동(廖序東)(1991)에서 양태동사는 동사나 형용사 앞에서 소망이나 가능, 필연, 의지 등의 뜻을 나타내는 동사임을 밝히고 있다. 양태동사는 의문문을 이루는 다른 문법적 요소와 공기해서 부탁, 권고, 제안 등의 기능을 수행하는 경우가 많다.

(13) ㄱ. 您<u>能</u>告诉我您的电话号码吗?　　　(전화번호를 좀 알려 주시겠어요?)

ㄴ. 你<u>可以</u>把窗户关上吗?　　　(창문을 좀 닫아 주실래요?)

ㄷ. 你<u>不能</u>改一下你这毛病吗?　　　(이 버릇을 좀 고쳐 줄 수 없나요?)

---

10) 한국어의 양태 표현과 대비하기 쉬워서 양태동사로 기술했지만 중국어에서 양태를 나타나는 동사는 정태동사(情態動詞), 능원동사(能願動詞)라고 한다.

11) 박지숙(2002:14) 재인용.

4.2.5. 어기 부사

어기 부사는 어기를 나타내는 부사로 이는 보통 문장의 한 부분을 수식하는 것이 아니라 문장 전체를 수식하는 경우가 많다. 부분 어기 부사는 의문문의 다양한 기능을 실현해 주는 데 중요한 역할을 한다. 단업휘(段業輝)(1995)에서 중국어 어기 부사는 의문문의 기능을 변화시키는 것으로 나타난다. 즉, 의문 기능을 비의문 기능으로 바꾸어 주고 화자의 생각이나 감정을 나타낸다. 여기에서는 의문문과 공기 빈도가 높은 어기 부사 '岂，难道，到底，竟然' 등을 예로 들어 어기 부사를 살펴보겠다.

难道
(14) ㄱ. 我这么大年纪了，<u>难道</u>还会说谎吗?
　　　내가 이렇게 나이를 먹었는데 거짓말 따위를 하겠습니까?
　　ㄴ. <u>难道</u>不许我说话不成?
　　　설마 내가 말해서는 안 된다는 것은 아니겠지?

到底
(15) ㄱ. 你<u>到底</u>要说什么呀?
　　　너 도대체 무슨 말을 하려는 것이냐?
　　ㄴ. 你<u>到底</u>给不给他打电话?
　　　너 도대체 그에게 전화를 할거야 말거야?

竟然
(16) <u>竟然</u>选他不选我?
　　그를 뽑고 나를 안 뽑다니?

위의 예문들을 통해서 알 수 있듯이 이 같은 어기 부사가 나타나는 의문문은 의문 기능을 수행하는 것이 아니고 주로 제보 기능, 지시 기능 같은 비의문 기능을 수행한다.

4.2.6. 통사구조[12)

중국어에서는 단어와 단어가 결합된 통사구조의 형식으로 의문문의 다양한 기능을 실현할 수도 있다. 앞서 부정 표현에 대한 논의에서 언급했듯이 'X不(X)'와 '술어+没(有)'가 바로 전형적인 통사구조이다. 여기서 통사구조 "어기 부사 '还'+'不'···", "의문대사 '谁'+'没'···", '是A 还是B' 등을 예를 들어 살펴보겠다.

(17) ㄱ. <u>谁没</u>谈过恋爱?　　　(누가 연애를 안 해 봤어?)
　　　ㄴ. <u>还不</u>快去?　　　　　(빨리 안 가?)
　　　ㄷ. 喝茶<u>还是</u>喝咖啡?　　(차를 마실래요? 커피를 마실래요?)

예문 (17ㄱ)에서 통사구조 '谁没···'는 '누가 그런 적이 없나?'의 뜻으로 의문문의 제보적인 기능을 수행한다. 예문 (17ㄴ)에서 통사구조 '还不···'는 재촉을 나타내 의문문의 지시 기능을 수행한다. 그리고 예문 (17ㄷ)에서 '是A 还是B'의 통사구조로 상대방의 의향을 물어봄으로써 의문문의 의향적 기능을 수행한다.

한국어와 중국어는 같은 어족의 언어는 아니지만 의문문의 다양한 기

---

12) 중국어에서 단어와 단어가 결합된 절이나 구는 구법결구(句法結構)나 단어(短語), 사조(詞組)라고 하는데, 본문에서는 이해하기 쉽도록 한국어에서 의미가 비슷한 통사구조로 번역하였다.

능을 이루는 문법적 요소를 통해 대조·분석적 의미를 발견하였다. 이에 문법적 요소를 표로 정리하면 아래 〈표 5〉와 같다.

〈표 5〉 한·중 의문문의 기능을 실현하는 문법적 요소의 대응관계

한국어	중국어
의문형 종결어미	의문 어기사
의문사	의문대사
부정 표현	부정 표현
선어말 어미 '-겠-'	양태동사
의문형 서법 부사	어기 부사
구문 표현	통사구조

4.3. 한·중 의문문의 기능 실현 요소 대조·분석

본 절에서는 한·중 의문문의 다양한 기능을 이루는 문법적 요소를 구체적으로 대조·분석하고자 한다.

4.3.1. 한국어 의문형 종결어미와 중국어 의문 어기사의 대조·분석

중국어의 의문 어기사는 한국어 종결어미와 비슷하게 의문문을 이루는 대표적인 요소이다. 중국어 어기사와 한국어 의문형 종결어미는 같은 의사소통 기능을 수행하는 경우가 많다. 예를 들어 중국어 어기사 '呢, 吗'는 단순한 의문 기능을 수행한다는 점에서 한국어 의문형 종결어미 '-ㅂ/습니까', '-아/어/여요'와 유사하고 '吧'는 '呢, 吗'보다 의문의 정도 가 떨어지고 추측을 나타내는 점에서 한국어 종결어미 '-지요'와 유사하

다. 한국어 의문형 종결어미와 중국어 어기사는 모두 문장의 끝에서 질문 기능을 수행하지만 일대일의 대응관계는 성립하지 않는다.

(18) ㄱ. 아버지, 신문을 보고 계<u>십니까</u>? (爸, 看报<u>呢</u>?)
　　 ㄴ. 학교에 <u>갑니까</u>? (去学校<u>吗</u>?)
(19) ㄱ. 吃冷面<u>吗</u>? (냉면을 <u>먹을래요</u>?)
　　 ㄴ. 外面冷<u>吗</u>? (밖에 <u>추워요</u>?)

위의 예문 (18)에서 한국어 예문은 모두 의문형 종결어미 '-ㅂ니까'로 끝나지만 중국어로 번역하면 서로 다른 '呢'와 '吗'로 번역해야 한다. 예문 (19)의 중국어 예문은 모두 의문 어기사 '吗'로 끝나지만 한국어로 번역하면 각각 '-(으)ㄹ래요'와 '-아/어/여요'로 번역된다. 중국어 어기사와 한국어 의문형 종결어미는 일대일의 대응관계는 아니지만 수행하는 의사소통 기능이 유사한 데가 많아서 한국어 학습에 긍정적인 모국어 전이를 일으킨다. 구체적으로 설명하면, 중국어 어기사 '呢, 吗'는 단순한 의문 기능을 수행한다는 점에서 한국어 의문형 종결어미 '-ㅂ/습니까'와 '-아/어/여요'와 유사하며, '吧'는 '呢, 吗'보다 의문의 정도가 떨어지고 추측을 많이 나타내는 점에서 한국어 종결어미 '-지요'와 유사하다. 이로 인해 중국인 학습자들이 단순 의문 기능을 수행하는 의문형 종결어미 '-ㅂ/습니까', '-아/어/여요'와 추측, 확인기능을 수행하는 의문형 종결어미 '-지요'를 상대적으로 파악하기 쉬워 한다.

한편 중국어 모국어로 인해 부정적인 전이를 일으키는 경우도 있다. 중국어 어기사 '呢, 吗'는 단순한 의문 기능 이외에 상대방의 의향을 물어볼 때도 많이 사용하게 된다. 중국어와 달리 한국어에서 청자의 의향을 물어볼 때는 일반 의문기능을 수행하는 종결어미 '-아/어/여요'나 '-ㅂ/습니까' 등을 사용하지 않고 '-(으)ㄹ래요', '-(으)ㄹ까요' 등의 종결 표현을 많이 사용한다. 따라서 모국어 전이로 인해 중국인 학습자들이 상대방의 의향을 물어볼 때 '-(으)ㄹ래요', '-(으)ㄹ까요'보다 '-ㅂ/습니까'와 '-아/어/여요'류 종결어미를 더 많이 사용하고 '-(으)ㄹ래요', '-(으)ㄹ까요'를 적절하게 사용하는 데까지 학습 시간이 상대적으로 오래 소요된다.

(20) ㄱ. 吃冷面吗?　　　　　(냉면을 먹을래요?)
　　 ㄴ. 明天我们去哪儿呢?　(내일 어디로 갈까요?)

위의 예문은 모두 상대방의 의향을 물어보는 의문문이지만 중국어는 문장 끝에 '呢, 吗'를 사용해서 표현하고, 한국어는 문장 끝에 '-(으)ㄹ래요', '-(으)ㄹ까요'를 주로 사용한다는 점에서 대별된다.

4.3.2. 한국어 의문사와 중국어 의문대사의 대조·분석

의문사는 한국어와 중국어 의문문의 대표적인 구성 요소로 사용 빈도가 높다. 한국어의 의문사든지 중국어의 의문사든지 의문사의 기본적인 기능은 화자가 모르거나 알기를 원하는 정보를 대체하는 지시 기능을 갖는다. 후문옥(候文玉)(2012)은 〈표 6〉, 〈표 7〉과 같이 의문사의 지시 기능과 문법 기능으로 한국어와 중국어 의문사를 분류하였다.

<표 6> 의문사의 지시 기능 분류

지시 기능	중국어 의문사	한국어 의문사
사람, 사물을 묻는 의문사	谁, 什么, 哪	누구, 무엇, 무슨, 어느
시간, 장소를 묻는 의문사	多会儿, 哪里, 哪儿	언제, 어디
수량을 묻는 의문사	几, 多少	몇, 얼마
상황, 방식, 방법, 원인을 묻는 의문사	怎样, 怎么样 怎么, 为什么	어떠하다, 어떤, 어떻게 어찌하다, 왜, 어찌

<표 7> 의문사의 문법 기능 분류

문법 기능		한국어 의문사	중국어 의문사
체언적	의문 대명사	누구, 무엇, 어디, 언제	谁, 什么, 哪里, 哪儿, 多少, 几, (哪)
	의문 수사	몇, 얼마	
용언적	의문 동사	어찌하다	怎样, 怎么样, (怎么)
	의문 형용사	어떠하다	
수식적13)	의문 관형사	무슨, 어느, 어떤	多会儿, 为什么, 怎么, 几, 哪
	의문 부사	어떻게, 왜, 어찌	

위의 표를 통해서 알 수 있듯이 한국어 의문사와 중국어 의문대사는 지시 기능을 수행할 때 의미가 유사하며 서로 대응될 수 있다.

4.3.3. 한국어 부정 표현과 중국어 부정 표현의 대조·분석

의문과 부정 표현의 결합은 한국어와 중국어에 모두 존재하는 언어 현상이다. 양 국어학계에서 이 문제에 대한 연구 성과는 주로 '부정 의문

---

13) 체언적 의문사는 문장에서 주어, 목적어로 쓰는 의문사를 가리키고, 용언적 의 문사는 술어나 보어로 쓰는 의문사를 가리키며, 수식적 의문사는 부사어나 관형 어로 쓰이는 의문사를 가리킨다.

문'의 영역에서 많이 이루어졌다. 한국어에서 부정 표현은 의문문이 이루어지는 형식적인 요소로 취급되지 않지만 '부정 의문문'에 관한 다양한 연구에 의하면 부정 표현은 의문문의 다양한 기능을 수행하는 중요한 문법적 요소로 인정된다는 것을 알 수 있다. 한국어에서 부정 표현은 단독으로 의문문을 이룰 수 없지만 의문문의 비의문 기능을 이루는 데 완화장치나 강조장치로 많이 쓰인다. 한국어에서 부정 표현만으로는 의문문을 이루지 못하고 다른 문법적 요소와 같이 공기해야 의문문의 기능을 수행할 수 있기 때문이다. 이와 달리 중국어에서는 부정 표현과 다른 문법적 요소를 공기하여 의문문의 기능을 수행하는 경우도 있고, 부정 표현으로 이루어지는 통사구조만으로 의문문이 형성되어 기능을 수행하는 경우도 있다. 한국어에서 부정 표현은 의문문을 이루는 형식적인 요소로 잘 취급하지 않지만, 중국어에서 부정 표현은 의문문을 이루는 형식적인 요소로 취급한다. 특히 부정사 '不'과 '没(有)'로 이루어진 통사구조 'X不(X)', '술어+没(有)'는 의문문을 이루는 대표적인 통사구조로, 부정 표현은 중국어 의문문을 이루는 중요한 수단이 된다. 따라서 다른 요소 없이 부정 표현만으로 의문문을 이룰 수 있다. 그러나 교재에서 부정 표현과 의문문의 관계를 명시적으로 제시하지 않기 때문에 의문문에서의 부정 표현 사용에 오류가 발생할 가능성이 있다.

4.3.4. 한국어 선어말 어미 '—겠—'과 중국어 양태동사의 대조·분석

한국어 선어말 어미 '-겠-'과 중국어의 양태동사는 모두 관용적인 양태 표현이고 의문문과 함께 공기하여 추측 기능과 의향 기능을 주로 수행한다. 중국어 양태동사는 주로 동사, 형용사 앞에 사용되지만 한국어 선어말 어미 '-겠-'은 주로 동사 어간 뒤에 사용된다. '-겠-'은 중국어의 여러 양태동사와 대응할 수 있다. '-겠-'은 중국어의 여러 양태동사와 대응할 수 있으나 엄격한 일대일의 대응관계는 아니다.

> (21) 전화번호를 좀 알려주시<u>겠</u>어요? (您<u>能</u>告诉我您的电话号码吗?)
> (您<u>可以</u>告诉我您的电话号码吗?)
> (您<u>能不能</u>告诉我您的电话号码吗?)
> (22) 你<u>可以</u>把窗户关上吗?　(창문을 좀 닫아 주<u>실래요</u>?)
> (창문을 좀 닫아 주시<u>겠어요</u>?)

한국어 '-겠-'과 중국어 '要'는 대체로 추정과 의지를 나타낼 때 쓰인다. 위의 예문 (21)을 중국어로 번역할 때 선어말 어미 '-겠-'이 적어도 '能', '可以', '能不能' 세 가지 형태로 번역될 수 있다. 이와 유사하게 예문 (22)를 한국어로 번역할 때 양태동사 '可以'는 종결어미 '-(으)ㄹ래요'나 선어말어미 '-겠-'과 대응되는 것이다. 위의 예문을 통해서 알 수 있듯이 한국어 선어말 어미 '-겠-'과 중국어 양태동사의 대응관계는 복잡하고 일(一) 대 다(多)의 관계이다. 선어말 어미 '-겠-'과 중국어의 양태동사는 모두 양태 표현이므로 서로 대응할 수 있는 경우가 많다.

중급 한국어 학습자들은 이미 어느 정도 언어 지식을 배웠으므로 명제를 표현하는 데 큰 지장이 없지만 화자의 미세한 심리적 태도를 적절하게 표현하는 데는 아직 부족함이 많다. 의문문을 통해서 화자의 '모름'과 청자에 대한 요구를 표현하는 단계에서 상황에 맞게 화자의 미세한 심리적 태도를 표현하는 단계로 이동하는 과제가 남았다.

4.3.5. 한국어 의문형 서법 부사와 중국어 어기 부사의 대조·분석

부사는 의문문을 이루는 형식적인 요소로 보지 않지만, 의문문의 비의문 기능을 확정해 주는 표지라고 할 수 있다. 한국어와 중국어 의문문에서 이 같은 부사가 없어도 그 기능을 수행할 수 있지만 의문 부사를 공기하면 문장의 기능이 훨씬 더 뚜렷하게 실현된다. 예문 23), 24)는 어휘적으로 대응하는 경우다.

> (23) 我这么大年纪了, (难道)还会说谎吗?
> 내가 이렇게 나이를 먹었는데 (설마) 거짓말 따위를 하겠습니까?
> (24) 你到底给不给他打电话?
> 너 (도대체) 그에게 전화를 할거야 말거야?

이처럼 부사는 의문문을 이루는 형식적인 요소가 아니다. 비의문 기능을 확정해 주는 표지라고 할 수 있다. 의문문의 다양한 기능을 수행하는 데에 있어 중국어에서 쓰는 부사와 한국어에서 쓰는 부사가 다르다. 추측 기능을 수행하는 의문문을 예로 들면, 한국어에서는 '혹시', '설마'가 자주 함께 사용되지만, 중국어에서는 '莫非', '难道'가 자주 함께 사용된다.

4.3.6. 한국어 구문 표현과 중국어 통사구조의 대조·분석

일반적으로 여러 문법적 요소로 이루어진 한국어 구문 표현과 중국어 통사구조는 생산성이 높고 다양하다는 공통점이 있다. 하지만 복잡한 형태를 가지는 한국어 구문 표현이나 중국어 통사구조는 서로 대응하는 형태가 많지 않고 차이점도 크다. 교착어인 한국어는 어간과 어미로 구문 표현이 이루어지고, 고립어인 중국어는 허사와 실사가 결합된 어휘 수난으로 통사구조가 이루어진다. 같은 어족이 아닌 한국어와 중국어는 구문 표현과 통사구조에서 큰 차이점을 보이며 복잡한 형태를 가지는 한국어 구문 표현이나 중국어 통사구조는 서로 대응하는 형태를 찾기 쉽지 않다.

그러나 한·중 의문문의 다양한 기능을 실현하는 문법적 요소에 대한 대조를 통해서 알 수 있듯이 한·중 양 언어에서 이 같은 문법적 요소의 사용이 비슷한 점도 적지 않다. 하지만 위의 결과만으로는 부족하며 중국인 학습자들은 모국어 전이로 인해 적절한 문법적 요소를 선택하지 못할 가능성이 높다. 이에 대한 보다 구체적인 논의는 설문 조사를 통해서 한국인 모어화자와 중국인 학습자들의 의문문 사용 실태를 점검해 보고 중국인 학습자의 의문문 구성 능력을 살펴보는 것도 하나의 방법일 것이다.

참고문헌

강미영(2010), 「통합 인지적 관점을 기반으로 한 쓰기 모형 구성에 관한 연구」, 인하대학교 박사논문.

_____(2012), 「"쓰기적 사고력"에 관한 연구1–통합 인지적 관점을 기반으로」, 『새국어교육』 92, 한국국어교육학회, 101~129쪽.

강현화(2007), 「한국어 표현문형 담화기능과의 상관성 분석 연구–지시적 화행을 중심으로」, 『이중언어학』 34, 이중언어학회, 1~26쪽.

고성환(1987b), 「국어 의문사의 의미 분석」, 『언어』 12, 한국언어학회, 104~129쪽.

고영근(1989), 『국어형태론연구』, 서울대학교 출판부.

고은숙(2008), 「국어의 의문법 어미의 역사적 연구」, 고려대학교 박사논문.

곽효동(2010), 「한중 의문사와 의문문의 대비 연구」, 충남대학교 석사논문.

구종남(1992), 「국어 융합형 부가의문문의 구조와 의미」, 『언어』 17, 전북대학교 언어연구소, 285~312쪽.

_____(2001), 「국어 의문의 화행과 응답 방식」, 『한국언어문학』 46, 한국언어문학회, 413~432쪽.

_____(2004), 「국어 부정 의문문에 대한 응답 방식 연구–통계적 접근」, 『국어국문학』 136, 국어국문학회, 193~229쪽.

김경호(2010), 「의문문에 있어서의 반복 언어화: 응답 발화를 중심으로」, 『동북아 문화연구』 25, 동북아시아문화학회, 549~564쪽.

김선희(2003), 「특수 의문문에서의 양태 의문사에 관한 연구」, 『한글』 259, 한글학회, 115~140쪽.

김승곤(2011), 『21세기 국어의 의향법 연구』, 박이정.

김애화(2009), 「부정의문문의 명령화행을 논함」, 『중국조선어문』 162, 길림성민족사무위원회, 115~140쪽.

김영희(2005), 「수사 의문문에서의 되풀이 현상」, 『어문학』 87, 한국어문학회, 131~155쪽.

김태자(1994), 「간접 발화 행위의 양상과 구조」, 『이화어문논집』 13, 이화어문학회, 49~70쪽.

김현숙(2011), 「간접인용문에서 의문문의 실현 양상과 한국어 교육에의 적용

문제」, 『언문연구』 70, 어문연구학회.

김호정(2008), 「한국어 교재 내의 문법 용어 계량 연구, 언어과학연구」, 『언어과학연구』 46, 언어과학회, 1~21쪽.

_____(2009), 「학습자의 문법 용어 인식 양상 연구」, 『언어과학연구』 50, 언어과학회, 41~68쪽.

_____(2013), 「한국어 학습자의 조사 변이 양상 연구」, 『우리말글』 58, 우리말글학회, 151~187쪽.

남기심·고영근(1985), 『표준국어문법론』, 탑출판사.

류현미(1992), 「판정 의문문의 화용의미에 대하여」, 『언어연구』 8, 한국 현대 언어학회, 55~75쪽.

_____(2000), 「국어 의문문의 대화구조(I)」, 『어문연구』 33, 한국 현대 언어학회, 69~89쪽.

_____(2001), 「국어 의문문의 대화구조(II)」, 『어문연구』 37, 한국 현대 언어학회, 59~82쪽.

_____(2002), 「반복의문문의 화행과 대화기능」, 『어문연구』 39, 한국 현대 언어학회, 101~133쪽.

민현식 외(2005), 『한국어 교육론:한국어 교육의 역사와 전망.1』, 한국문화사.

_____ 외(2005), 『한국어 교육론1』, 한국문화사.

박덕유·이철수·문무영(2004), 『언어와 언어학』, 역락.

박덕유(2006), 『학교 문법론의 이해』, 역락.

_____(2010), 『외국인을 위한 한국어』, 박문사.

_____ 외(2010), 『한국어 교육의 전략과 탐색』, 박문사.

_____ 외(2011), 『한국어학습자를 위한 음운교육 연구』, 박문사.

_____ 외(2012), 『한국어학습자를 위한 문법교육 연구』, 박문사.

_____ 외(2013), 『한국어문법의 이론과 실제』, 박문사.

박영순(1990), 「국어의문문의 의미에 대하여」, 『새국어교육』 46, 한국국어교육학회, 95~104쪽.

_____(1991), 「국어 의문문의 의문성 정도에 대하여」, 『국어의 이해와 인식』, 서울한국문화사.

박종갑(1982), 「의문문과 간접언어행위」, 『한민족어문학』 9, 한민족어문학회,

55~76쪽.

_____(1984), 「의문문의 화용론적 특성(1)」, 『한민족어문학』 11, 한민족어문학회, 159~180쪽.

_____(1986a), 「국어 의문문의 화용론적 특성(2)」, 『어문학』 47, 한국어문학회, 45~64쪽.

_____(1986b), 「의문법 어미의 종류에 따른 의문문 유형의 의미기능」, 『한민족언문학』 13, 한민족어문학회, 397~419쪽.

_____(1987), 「국어 의문문의 의미기능 연구」, 영남대학교 박사논문.

서순희(1992), 「현대국어 의문문 연구」, 숙명여자대학교 박사논문.

서희정(2011), 「한국어 교육에서 수사의문문의 교육 내용-'무슨'-수사의문문을 중심으로」, 『새국어교육』 88, 한국국어교육학회, 221~244쪽.

신명선(2008), 『의미 텍스트 교육』, 한국문화사.

양명희(1991), 「국어 의문문의 유형과 응답 유형에 대하여」, 『冠岳語文研究』 16-1, 서울대학교 국어국문학과, 115~134쪽.

王锐(2010), 「한국어와 중국어의 의문문에 대한 화행이론적 대조 연구」, 영남대학교 석사논문.

이명희(2010), 「중국어권 학습자를 위한 한국어 화행 교육 연구」, 서울대학교 박사논문.

이승연(2012), 「고급 한국어 학습자를 위한 수사의문문 교육 연구-논증적 글쓰기의 문어체 수사의문문을 중심으로」, 『한국어 교육』 23-3, 국제한국어 교육확회, 259~287쪽.

이은섭(2005), 『현대 국어 의문사의 문법과 의미』, 태학사.

이종철(1996), 「간접 지시화행의 양상과 함축적 의미」, 『호서언문연구』 4-1, 호서대학교 국어국문학과, 3~29쪽.

이준호(2008), 「화용론적 관점에서 본 의문문 교육 연구-한국어 교재에 나타난 의문문을 중심으로」, 『한국어 교육』 19-2, 국제한국어 교육확회, 1~26쪽.

이준희(1999), 「국어의 간접 화행에 관한 연구」, 한양대학교 박사논문.

이창덕(1992a), 「의문의 본질과 의문문의 사용 기능」, 『연세어문학』 24-1, 연세대학교 국어국문학과, 95~134쪽.

_____(1992b), 「질문 행위의 언어적 실현에 관한 연구」, 연세대학교 박사논문.

_____(2005), 「간접화행과 문법제약의 불규칙성에 대하여: 한국어 질문문을 중심으로」, 『텍스트언어학』 19-1, 한국텍스트언어학회, 109~132쪽.

이필영(2003), 「간접화행 해석의 소선과 방향」, 『텍스트 언어학』 15, 텍스트언어학, 313~339쪽.

장경기(1982), 「國語 疑問法의 肯定과 否定」, 『국어학』, 국어학회 11, 89~115쪽.

전정미(2009), 「거절 화행에 나타난 대화 전략 연구」, 『담화와 인지』 16-1, 담화·인지 언어학회, 113~134쪽.

진강려(2011), 「중국인 학습자를 위한 한국어 부정 의문문 교육 연구」, 『국어교육연구』 28, 서울대학교 국어교육연구소, 31~60쪽.

_____(2012), 「중국인 학습자를 위한 의문문의 간접화행 교육 연구」, 서울대학교 박사논문.

_____(2014), 「한국어 의문문의 지시화행 사용 양상 조사」, 『한중경제문화연구』 2012-1, 한중경제문화학회, 267~299쪽.

최연(2010), 「한국어 교육 현장에서의 의문문 형태의 접근과 현황-중한 의문문 대조를 중심으로」, 『문법 교육』 12, 한국문법교육학회, 399~424쪽.

최윤곤(2010), 『한국어 문법 교육과 한국어 표현범주』, 한국문화사.

허용 외(2009), 『한국어 교수법』, 한국문화사.

허용·김선정(2013), 『대조언어학』, 소통.

황페이(2011), 「의문문에 대한 한·중 대조 연구」, 한양대학교 석사논문.

xingxiaofang(2013), 「한·중 의문문의 대조 연구」, 이화여자대학교 석사논문.

陳忠(2005), 『認知言語學研究』, 山東敎育出版社.

段業輝(1995), 「語氣副詞的分布及語用功能」, 漢語學習(4).

侯文玉(2012), 「汉韩语疑问词对比研究」, 上海外国语大学 博士论文.

許余龍(1992), 「對比語言學的定義與分類」, 外國語, 80-4.

黃伯榮·廖序東(1991), 『現代漢語』, 高等敎育出版社.

兰巧玲(2007), 「俄汉语是非问句对比研究」, 黑龙江大学, 博士論文.

呂叔湘(1944), 『中國文法要略』, 商务印书馆.

Brown H. D(2007), 권오량·김영숙 역(2010), *Teaching by principlis-An Iteractive*

Approach to Language Pedagogy, Pearson Education: 원리에 의한 교수, 피어슨에듀케이션코리아.

Chamot, A(2005), *Language learning strategy instruction: Current issues and research.* Annual Review of Applied Linguistics.

Jeannettle Littlemore(2009), 김주식·김동환 역(2012), 『인지언어학과 외국어 교수법』, 소통.

John R. Taylor(1999), 조명원 역, 『인지언어학이란 무엇인가?』, 한국문화사.

Lakoff, J. Fire(1987), *Women and Dangerous Things: What Categories Reveal about the Mind*, Chicago: The University of Chicago Press.

Larsen-Freeman, Diane(2003), 『외국어 교육의 교수기법과 원리』, 동인.

Levinson, Stephen C.(1983), *Pragmatics*, New York : Cambridge University Press.

Morris(1938), *Foundations of the Theory of Signs*, Chicago : Chicago University Press.

Oxford, R.(1990). *Language learning strategies: What every teacher should know.* New York: Newbury House.

Richards, J.(1984), *Language Curriculum Development*, RELC Journal 15(1).

Rod Ellis(1994), *The Study of Second Language Acquisition*, Owford University Press.

Rosch, E.(1975), *Cognitive Representation of Semantic Categories*, Journal of Experimental Psychology.

Searle, J.R.(1969), *Speech Acts*, Cambridge University Press.

Searle, J.R.(1975), *Indirect Speech Acts, Syntax and Semantics*, Vol.3, New York: Academic Press.

Terence Odlin(1989), *Language Transfer: Cross-linguistic influence in language learning*, the Press Syndicate of the University of Cambridge.

Tsui, Amy B.M.(1994), *English Conversation*, Oxford University Press.

2. 인지 전략을 활용한 한국어 의문문 교육 연구

 1 의문문 교육의 전제 및 내용

1970년대부터 외국어 교육을 연구하는 교사와 학자들은 어떤 특정 언어 교수법도 외국어 지도의 보편적인 성공으로 이어지지 못한다는 것을 깨닫게 되었다. Rubin(1975)과 Sterm(1975)은 우수한 학습자의 특징에 대해 탐구한 결과로 성격, 유형, 전략 세 가지 측면에서 우수한 언어 학습자를 규명했다(Brown, 2010:140 재인용). 그 후에 전략은 외국어 학습의 중요한 요소로 외국어 교육 분야에서 곧잘 논의되었다. Chamot (2005:112)은 전략(strategy)이란 넓은 의미에서 "학습 과업 수행을 도와주는 절차이며 대부분 의식적으로 사용되고 특정한 목표에 의해 유도되는 것"이라고 정의한다. 본고에서는 외국어 학습 전략을 '학습 효과를 향상시키기 위해서 학습자들이 사용하는 다양한 수단이나 기법'이라고

정의한다. 다양한 전략을 교실 학습에 적용하려는 교사나 연구가들의
많은 노력은 일반적으로 전략 중심 지도법(SBI) 또는 학습자 전략 훈련
으로 알려져 왔다. 외국어 학습 과정에서 전략 중심 지도법을 사용해서
다양한 학습 전략을 도입하는 것은 학습자가 자기 주도적으로 부딪히는
문제를 해결하고 효과적인 학습이 이루어지는 데 긍정적인 효과가 있다.
인지 전략은 학습자가 외국어를 학습하는 데 필수적인 전략으로 학습자
가 새로운 정보를 이해하고 기억하는 데 효율적이다. 전략에 대한 분류
는 학자마다 조금씩 차이가 나지만 인지 전략은 언어에 대한 일련의 통
제 과정으로서 주의를 집중하고, 학습하고, 기억하고, 사고할 때 개개인
의 학습 행동을 지배하는 조직적 기능이기에 많은 학자들에게서 언급된
다. 본 연구는 주로 인지 전략을 활용해서 의문문 교수·학습 실제를 마
련하고자 한다. 이 같은 인간의 인지 특성을 부합한 인지 전략을 외국어
학습에 도입하면 학습자들이 더 쉽고, 효과적이며, 더욱 자기 주도적으
로 학습을 이룰 수 있다. 인지 전략에 대한 상세한 분류에서 가장 잘
알려진 것으로는 Oxford의 인지 전략의 분류와 Brown의 분류이다.

〈표 1〉 Oxford(1990)의 인지 전략의 분류

인지 전략	연습	• 반복 • 발음, 쓰기 체계를 통한 형태 중심의 연습 • 공식화된 상투적인 표현이나 문형을 인지하고 활용 • 재결합 • 자연스러운 상황에서 연습
	메시지 주고 받기	• 아이디어 빨리 얻기 • 메시지를 주고 받기 위한 자원의 활용
	분석과 추론	• 연역적 추론 • 표현 분석 • 언어 간 대조적 분석

		• 번역
		• 전이
언어 입력 및 출력을 위한 정보의 조직화		• 노트 정리
		• 요약
		• 요점 정리

Oxford(1990)는 전략을 직접 전략과 간접 전략으로 나눈 다음에 직접 전략은 다시 기억, 인지, 보상 전략으로 나누고, 간접 전략은 다시 상위 인지, 정의적, 사회적 전략으로 나눴다.

〈표 2〉 Brown(2010)의 인지 전략 분류

반복	겉으로 드러나는 명시적 연습이나 속으로 하는 시연을 포함하여 언어 표현 모델을 모방해 봄
자료 활용	목표 언어 참고 자료를 활용함
번역	제2 언어를 이해하고 산출하기 위한 근거로 제1 언어를 활용함
집단화	공통 속성을 근거로 학습할 수 있도록 자료의 순서를 다시 매기거나, 다시 분류하거나 또는 명명함
노트 정리	구두로 또는 문자 언어로 주어진 정보의 주요 내용, 요점, 개요, 요약을 기록함
연역	제2 언어를 발화하고 이해하는 데 의식적으로 규칙을 적용함
재결합	이미 아는 요소들을 새로운 방식으로 조합하여 유의한 문장 또는 더 긴 언어 단위를 구축함
형상화	친숙하고 쉽게 기억해낼 수 있는 시각화, 관용구, 또는 위치 소재를 통해 새로운 정보를 기억 속의 시각적 개념과 연관시킴
청각적 표상	단어, 구, 좀 더 긴 언어 단위의 발음이나 유사한 발음을 기억 보존함
핵심어	(1)새로운 제2 언어 단어와 발음이 비슷하거나 유사한 제1 언어의 친숙한 단어를 찾아냄으로써, 그리고 (2)이미 친숙한 단어와의 관계를 쉽게 기억해 낼 수 있는 형상을 만들어냄으로써 제2 언어의 새로운 단어를 기억함

문맥화	단어나 구를 문장, 단락과 같은 더 넓은 범위에 의한 언어 단위 안에 배열해 봄
상세한 설명	새로운 정보를 기억하고 있는 기존의 다른 개념과 연관시킴
전이	새로운 언어 학습 과업을 용이하게 하기 위해 기존에 습득한 언어적 또는 개념적 지식을 사용함
추론	새로운 요소의 의미를 추측하거나 결과를 예측하거나 빠진 정보를 메우기 위해 이용 가능한 정보를 사용함

Brown(2010)은 전략은 학습 전략과 의사소통 전략으로 나눈 다음에 다시 학습 전략을 상위 인지 전략, 인지 전략, 사회 정의적 전략으로 나누고 의사소통 전략은 회피 전략, 보상 전략으로 나눈다.

Oxford(1990)와 Brown(2010)이 다양한 인지 전략을 제시했는데도 불구하고 학습자들은 실제 학습과정에서 이보다 훨씬 다양한 전략을 사용하고 복합한 전략 형태로 학습 목표를 달성한다. Oxford(1990)와 Brown (2010)의 전략에서 2차적인 의문문 교육에 적절한 전략을 추출하면 아래와 같다.

〈표 3〉 의문문 교육에서의 인지 전략

학습 전략	구체적인 내용
반복	외국어를 능숙하게 구사하기 위해서는 반복하는 과정이 필요하다. 문법 수업에서 이미 배운 의문문 지식을 의사소통 기능을 중심으로 다시 체계적으로 정리하는 과정은 바로 반복하는 과정이다.
재결합	이미 배운 문법 요소를 새로운 방식으로 조합하여 의문문의 다양한 의사소통 기능을 실현한다.
연역적 추론	교사가 학습자를 인도해서 모국어 경험으로 주어진 상황에 한국어 의문문의 기능을 추론한다.
언어 간 대조	한국어와 중국어의 대조·분석을 통해서 중국인 학습자의 모국어 전이로 인해 생긴 오류를 규명하고 긍정적인 전이를 늘리고 부정적인 전이를 줄인다.

요점 정리	구두어 또는 문자 언어로 배운 내용을 요약하고 정리하는 방식을 통해서 학습자를 배운 의문문에 대한 새로운 지식을 강화한다.

외국어 학습(Learning)은 모국어 습득(Acquisition)과 다르다. 어린이들은 모국어를 습득으로 익히지만 성인 학습자들은 외국어를 학습으로 익힌다. 따라서 성인 학습자들은 외국어를 학습할 때 인지적 측면을 많이 강조하고 인지 전략을 많이 사용하게 된다. 외국어 학습 측면에서의 인지를 정의하면 주로 기존의 모국어 지식을 적용하여 외국어 학습 효과를 높이는 사고 방법이라고 할 수 있다. 본고는 특정한 언어 교수·학습 상황에서 적절한 인지 전략을 사용해서 학습자들이 더 쉽고, 효과적이며, 자기주도적으로 학습 목표를 달성하게 하는 데 목적이 있고 이런 전략적인 교수·학습을 통해서 중·고급 학습자들의 의문문 화용 능력을 신장시키고자 한다.

2 의사소통 기능에 따른 의문문 교육 내용

2.1. 의문문 단순 의문 기능의 교육 내용

단순 의문 기능은 의문문의 기능 중에 가장 중요한 기능으로 한국어 의문문에서 자주 수행하게 된다. 이러한 단순 의문 기능을 수행하는 의문문은 전형적인 의문문으로서 의문문의 원형이라 할 수 있다. 단순 의

문 기능을 수행하는 의문문은 화자가 어떤 명제에 대하여 전혀 모르는
상태에서 청자에게 정보 결여를 해결해 주기를 바라는 것으로 청자에게
대답을 요구한 것이다.

> 차은상: 내 트렁크 <u>어디</u> 있어?
> 김 탄: 다 깨졌는데. <u>왜</u> 그러냐?
> 차은상: 어디 있<u>는데</u>?
> 김 탄: 2층 내 방에.　　　　　　　　　　　　　　　　〈상속자들〉

위의 대화의 의문문들은 모두 화자가 모르는 정보를 구하려고 청자에
게 대답을 요구하는 언어행위이다. 의문문이 단순 의문 기능을 수행하는
데에 많이 사용하는 문법적 요소는 의문형 종결어미와 의문사이다.

2.2. 의문문 의향 기능의 교육 내용

의향 기능은 전통적인 의문문 하위 분류로 보지 않았으나 서순희
(1992)는 최초로 의향 기능을 의문문의 기본 의미의 하위 분류로 보았
다. 국어학계에서는 의향 기능을 의문문의 하위 분류로 보는 것에 대하
여 아직 반대의견이 많지만 외국인을 대상으로 한 한국어 교육에서는
의문문의 하위 분류로 따로 설정할 필요가 있다고 본다. 이는 앞에서
한·중 의문문 대조를 통해서 알 수 있듯이 중국어에서 청자의 의향을
물어보는 의문문과 청자에게 단순한 질문을 하는 의문문은 같은 형태를
가지는 경우가 많아서 중국인 학습자들은 '-아/어요' 등 같은 단순 질문
을 수행하는 종결어미를 사용해서 상대방의 의향을 물어보는 경우가 많

기 때문이다. 한국어에서 단순 의문 기능을 수행하는 의문문은 청자에게 어떤 명제에 대한 제보요구이지만 의향 기능을 수행하는 의문문은 어떤 명제에 대한 청자의 의향을 알아보려고 한 질문으로 보고 서로 다른 의문형 종결어미를 사용한다. 중국인 학습자들은 모국어 전이로 단순 의문 기능을 수행하는 의문형 종결어미와 의향 기능을 수행하는 의문형 종결어미를 구별하지 못하고 사용하는 경우가 많다. 중국인 학습자들이 의문문의 단순 의문 기능과 의향 기능을 잘 구별할 수 있도록 의향 기능을 따로 분류해서 학습할 필요가 있다.

보통 의문문의 의향 기능을 말할 때 청자의 의향을 알아보는 기능을 일컫지만 본고에서는 화자의 불확정한 의향을 나타내거나 화자의 제안을 통해서 청자의 의향을 물어보는 기능을 의문문의 의향 기능이라고 한다.

(1) 찜질방에 갈까?
    ㄱ. (화자 자신에게 말하는 상황에서)
      → 화자의 불확정한 의향을 나타낸다.
    ㄴ. (청자에게 말하는 상황에서)
      → 화자의 제안으로 청자의 의향을 물어본다.

예문 (1)은 화자가 자신에게 말하는 상황이라면 화자의 불확정한 의향을 나타내는 것이고, 청자에게 말하는 상황이라면 화자의 제안을 통해서 청자의 의향을 알아보는 예문이다. 자세히 설명하면, (1ㄱ) 같은 상황에서는 화자가 자신한테 질문을 하는 방식으로 찜질방에 갈 의향을 나타내고,[1] (1ㄴ)은 청자에게 찜질방에 같이 가자는 제안을 제시하고 청자의 의향에 관한 대답을 요구하는 것이다.

그리고 (1ㄴ)과 같은 기능을 수행하는 의문문은 보통 '화자의 제안'과 '청자의 의향 대답 요구' 두 요소가 모두 필요하다. '제안'과 함께 나오는 경우가 대부분이라서 윤지혜(2013)은 의향 묻기 기능을 '제안' 기능이라고 했다. 본고에서는 의향 기능과 제안 기능을 각 의문문의 의문 기능과 비(非)의문 기능의 하위로 분류하고 서로 다른 기능으로 본다.[2]

2.3. 의문문 추측 기능의 교육 내용

추측 기능을 수행하는 의문문은 화자가 어떤 명제에 대해 확실한 정보가 없으므로 추측의 태도를 가지고 청자에게 질문하는 것이다. 화자는 청자가 이 명제를 확실히 알고 있다고 생각해서 묻는 것이 아니고 추측해서 판단하여 대답해 줄 것을 요구하는 것이다.

> (2) ㄱ. 내일 날씨가 좋을까요?
> ㄴ. 네, 내일은 날씨가 좋을 거예요.
> (3) ㄱ. 오늘의 경기는 어느 팀이 이길까?
> ㄴ. 말할 것도 없이 당연히 우리 팀이 이길 거지.

예문 (2), (3)은 내일의 날씨가 좋을지, 어느 팀이 이길지에 대해 화자와 청자는 모두 확실한 정보가 가지고 있지 않다. 화자는 문제에 대한

---

1) (1ㄱ) 같은 화자가 자신에게 말하는 의문문은 전통 문법 연구에선 보통 자문문이나 자귀의문문이라고 한다.
2) 의문문의 의향 기능과 제안 기능의 구별은 뒤에 제안 기능에 관한 논의에서 자세히 다루겠다.

확실한 정보를 요구하는 것이 아니고 청자가 추측해서 판단한 결과를 듣고자 한다.

2.4. 의문문 확인 기능의 교육 내용

확인 기능을 수행하는 의문문은 화자가 청자에게 불확실한 정보나 알고 있는 정보에 대해 화자 자신의 판단을 확인해 달라고 요구하는 의문문이다. 청자의 긍정이나 부정의 대답을 통해서 정보나 화자의 판단을 검증한다. 이창덕(1992)은 확인 기능을 '화자 판단 확인'과 '획득 정보 확인'으로 나누었다. '획득 정보 확인'은 화자가 다른 사람이나 청자에게서 들은 정보가 불확실하므로 청자에게 확인해 달라고 하는 것이고, '화자 판단 확인'은 화자 자신이 예상한 내용이나 판단을 청자에게 확인해 달라고 하는 것이다.

윤실장: 우리 아들 만났다면서?   (획득 정보 확인)
김 탄: 제가요? 아드님이 누구신데요? 아, 만난 것 같네요. 이름이 찬
     영이지요?   (화자판단 확인)

위 대화에서 윤 실장이 '우리 아들 만났다면서?'의 의문문을 통해 다른 사람으로부터 들은 정보를 청자인 김탄에게 확인해 줄 것을 요구하는 것이고, 김탄은 '이름이 차영이지요?'의 의문문을 통해 차영이 윤 실장의 아들이라는 판단을 청자인 윤 실장에게 확인해 달라고 하는 것이다.

2.5. 의문문 제보 기능의 교육 내용

화자가 의문문을 통해서 청자로부터 정보를 얻으려고 질문하는 것이 아니라 청자로부터 화자 자신의 생각이나 판단, 주장 등을 청자에게 제공해 주는 경우 의문문은 제보 기능을 수행한다. 본고는 인지언어학의 명제 개념을 통해서 의문문의 제보기능을 설명하고자 한다.

  (4) 네가 부자이냐?
  (5) 내가 바쁜 걸 못 봤어?

의문 기능을 수행하는 의문문은 보통 2개 이상의 명제가 포함된다. 예문 4)는 '청자가 부자이다.'와 '청자가 부자가 아니다.'의 두 개 명제가 포함되어 있다. 의문 기능을 수행하는 의문문은 상대방에게 2개 이상의 명제를 제공할 뿐만 아니라 제공된 두 명제는 모두 합리적으로 선택 받을 만한 명제이다. 그리고 청자가 자신의 의지에 따라 제공된 여러 명제 중에서 하나를 선택할 수 있다.

제보 기능을 수행하는 의문문에서 청자의 선택은 개방적이지 않고 한정적이다. 의문문이 포함된 2개 명제에는 상식이나 주어진 화맥에 의해 오직 하나만이 합리적이고 선택받을 만한 명제이다. 다른 한 명제는 화맥이나 상식에 의해 합리적이지 않아서 선택할 가능성이 사라진다. 예문 (4)는 단순히 청자가 부자인지 부자가 아닌지를 궁금해서 질문하는 상황에서는 청자가 '내가 부자다'와 '내가 부자가 아니다' 두 명제 중에 어느 한 명제를 선택할 수 있지만 청자가 부자가 아닌 정보를 뻔히 알고 있는 상황에서 '네가 부자가 아니다'의 명제만 남았다. 이와 같이 예문 (5)는 '바쁜 걸 봤다'와 '바쁜 걸 못 봤다'의 두 개 명제가 포함되지만 청자가 분명히 화자가 바쁜 것을 본 상황에서는 '바쁜 걸 봤다'의 명제만 합리적인 명제가 된다. 그러므로 이 같은 의문문은 겉으로 보기에 2개의 명제가 포함되어 있지만 사실상 청자가 선택할 수 있는 명제는 하나뿐이다. 즉 제보적 기능을 수행하는 의문문은 유일한 명제만 포함된다. 제보 기능은 화자의 의도에 따라 다시 발화력 강화적 제보 기능과 발화력 약화적 제보 기능으로 나누어진다.

2.6. 의문문 지시 기능의 교육 내용

의문문의 지시 기능은 의문문의 다양한 기능 중에서 사용빈도가 상대적으로 높은 기능이다. 의문문의 지시 기능은 청자의 대답보다는 행동을 요구하는 경우가 많다. 지시 기능을 수행하는 의문문에서 화자의 발화 의도는 청자에게서 정보를 요구하는 것보다는 청자가 어떤 행동을 하도록 하게 하거나 청자에게 화자와 같이 어떤 행동을 하도록 하는 것이다. Searle(1969)의 화행 적정 조건으로 측정하면 일부 의문문은 의문 화행의 적정 조건에 만족하지 않은 반면, 지시 화행의 적정 조건에는 만족한다(〈표 4〉 참조). 그리고 이런 지시 화행 적정 조건에 만족하는 의문문은 지시 기능을 수행한다.

<표 4> 지시 화행의 적정 조건(Searle, 1969)

	지시 화행 (Directive)
명제 내용 조건	화자는 청자가 수행할 행위 A를 예측한다.
예비 조건	청자는 행위 A를 수행할 수 있다.
성실성 조건	화자는 청자가 행위 A를 하기를 원한다.
본질 조건	청자가 행위 A를 실행하도록 설득하기 위한 시도로 간주한다.

(6) 교수님 전화번호를 아니?

예문은 교수님의 전화번호를 아느냐 모르냐 물어 보는 의문 화행이 아니고 청자에게서 전화번호를 알려달라고 하는 지시화행이다.

학자에 따라 지시 기능의 하위 분류는 다양하다. Tsui(1994)는 Searle (1969)의 지시적 화행에 속하는 세부 유형을 크게 부탁과 지시로 구분하였다. 부탁 화행은 다시 부탁, 초대, 제고, 제의로 나누고, 지시 화행은 다시 명령과 권고로 나뉜다.

<표 5> 지시화행의 세부 유형(Tsui, 1994)

지시적 화행	부탁	부탁, 초대, 제고, 제의	①화자는 특정 행동이 수행되기를 진정으로 원하며 그 행동은 수행될 필요가 있다고 믿는다. ②청자는 행동을 수행하거나 행동이 수행되도록 할 수 있으며 그 행동에 이의를 갖지 않을 것이라고 예측된다. ③청자가 요구된 행동을 수행할지는 분명하지 않다.
	지시	명령	화자에게 지시할 권한 또는 의미가 있는 것으로 청자가 수락이나 거절을 선택할 가능성이 희박하다.
		권고, 제안	청자가 화자의 지시를 따라야 하는 의무가 없으며, 부분적으로는 청자에게 이익이 된다고 생각하여 화자가 권고한 것으로 수락 여부는 전적으로 청자에게 달려 있다.

2.7. 의문문 정표 기능의 교육 내용

의문문의 정표 기능이란 화자가 의문문을 통해서 말하는 사건에 대한 감정을 나타낸다. 이때, 화자의 발화 의도는 상대방에게서 정보를 얻으려고 하는 것이 아니라 의문문의 형식으로 화자의 강한 감정을 털어놓는다. 한국인 화자들은 일상회화에서 의문문으로 감탄, 불만, 염려, 협박 등 다양한 감정을 표출한다.

(7) 얼마나 아름다운 세상입니까?　　　(감탄)
(8) 너 죽을래?　　　　　　　　　　　(협박)
(9) 네가 돈을 벌면 얼마나 벌겠니?　　(경멸)
(10) 가: 비가 옵니다.
　　　나: 비가 온다고?　　　　　　　(놀라움)

예문 (7)~(10)은 화자의 다른 감정을 나타냈다. 예문 (7)은 세상이 참 아름답다고 감탄하면서 화자가 살고 있는 시대에 대한 사랑을 나타냈다. 예문 (8)은 상대방에게 죽고 싶냐고 물어보는 것이 아니라 어떤 행동을 그만하지 않으면 심각한 결과가 일어날 거라고 협박하는 것이다. 예문 (9)는 청자에게 돈을 얼마나 버느냐를 묻는 것이 아니라 청자가 돈을 얼마 벌지 못한다고 비웃는 것이다. 예문 (10)은 화자 '나'가 비 온다고 하는 선행 발화를 믿지 못해서 다시 확인하는 것이 아니고, 자신이 비가 왔다는 상황을 예상하지 못해서 놀랍다는 감정을 표출하는 것이다.

의문문으로 화자의 감정을 표출하는 언어 현상에 대한 연구는 있지만 이런 현상이 생성된 원인에 대한 연구는 아직 없다. 본고는 인지언어학

을 토대로 명제 개념을 도입해서 의문문의 정표 기능이 생성된 원인을
규명해 보자고 한다.

 (11) 너 미쳤어?
 (12) 너 죽을래?

'너 미쳤어?'와 '죽을래?'는 의문 기능을 수행하는 의문문이라면 2개
명제가 포함되어야 한다. 즉 예문 (11)은 '청자가 미쳤다.'와 '청지가 미
치지 않았다'의 두 명제, 예문 (12)는 '청자가 죽고 싶다'와 '청자가 죽고
싶지 않다'의 두 명제가 포함된다. 그러나 물어보나마나 긍정적인 명제
인 '청자가 미쳤다'와 '죽고 싶다'는 상식에 어긋나는 명제이니 합리적이
지 않다. 부정적인 명제 '청자가 미치지 않았다'와 '죽고 싶지 않
다'만 남았다. 이 같은 명백한 사실에 대해 질문하는 화자의 참된 발화
의도는 반문의 형식으로 '불만, 분노, 놀라움' 등 화자의 감정을 표출하는
데 있다.

2.8. 의문문 인사 기능의 교육 내용

의문문은 흔히 근황이나 건강을 묻는 방식으로 의례적인 용어처럼 쓰
인다. 이 같은 의례적인 질문은 의문문의 인사 기능이라고 한다. 이럴
때 화자는 청자의 대답을 궁금해 하는 것이 아니라 의문문으로 화제를
꺼내 청·화자 서로 간의 친근감을 느끼게 하면서 원활한 인간관계를 유
지하는 데 목적이 있다. 질문을 받는 청자도 질문을 명확하게 대답할

필요가 없고 의례적으로 애매모호하게 대답하면 된다. 이 같은 의례적인 질문은 교제행위의 구성원으로서 상대방에게 예의나 관심을 보여주는, 본격적인 대화의 준비단계로 볼 수 있다. 인사 기능을 수행하는 의문문은 실제적인 내용도 없고 상대방에게서 대답 요구도 없지만 화자와 청자 서로에게 만족감을 가져 온다. 실속이 없는 의문문이지만 안 하면 무관심하고 예의 없어 보일 수도 있다. 한국인들이 흔히 인사말처럼 사용하는 '식사하셨어요?', '퇴근하셨어요?', '어디 가요?' 등의 의문문은 중국에서도 이와 대응되는 '吃饭了吗?', '下班了?', '去哪啊?' 등의 의문문이 있다. 문화 차이 때문에 서양 청자들은 이와 같은 질문들을 예의에 벗어난 사적인 질문이라고 생각할 수 있지만 같은 동양문화권의 중국인 화자는 태연하게 수용할 수 있다. 이것은 의문문의 인사 기능이 한국어와 중국어에서 상당히 유사하기 때문이다.

(13) ㄱ. 식사하셨어요?　　(吃完饭了?)
　　 ㄴ. 출근하세요?　　　(上班去?)
　　 ㄷ. 퇴근하셨어요?　　(下班啦?)
　　 ㄹ. 왔어요?　　　　　(你来了?)

위의 한국어 예문과 대응하는 중국어 예문들은 모두 인사 기능을 수행하는 의문문이다. 화자의 발화 의도는 제보 요구가 아니고 청자에게 예의나 관심을 보여주려고 하는 의례적인 질문이다. 이런 질문을 받은 청자는 화자의 의도를 잘 파악하고 의례적으로 대답하면 된다.

인사 기능을 수행하는 의문문은 관례적으로 사용되기 때문에 기능을 실현하는 문법적 요소가 상황에 따라 다르다. 규칙적으로 사용하는 기능 실현 요소를 귀납하지 못하니 여기서는 설명하지 않겠다.

외국어 교육에서는 보통 문장이 이루어지는 요소를 분리해서 교육한다. 어휘는 어휘대로, 문법은 문법대로 교육했다. 그러나 의사소통의 기본 단위인 문장은 여러 요소에 의해 결합된 동일체이나. 문장의 구성 요소를 학습했다고 해서 문장에 대한 학습이 끝났다고 보기 어렵다. 그동안의 의문문 교육은 주로 의문형 종결어미와 의문사에 초점을 두고 해왔다. 의문형 종결어미와 의문사는 의문문을 이루는 중요한 요소이지만 이 두 요소에 대한 이해만으로는 상황에 맞는 올바른 의문문을 생성할 수 없다. 본장은 문장 생산국면에서 보다 적극적으로 개입할 수 있는 문법 지식이 무엇인지를 밝히고 의문문의 다양한 기능을 이루는 문법적 요소를 살펴보았다. 의문문을 의사소통 기능을 중심으로 체계화한 다음에 학습자의 의문문 활용 능력을 향상시킬 수 있는 실제적 의문문 교육 내용을 마련했다. 학습자들은 의문문에 대한 2차 교육을 통해 의문문에 더욱 민감해지면서 여러 요소를 자신의 의도대로 활성화 시켜 가며 의문문의 구사능력을 갖추게 될 것이다.

 ## 3 의문문의 교수·학습 실제

3.1. 의문문 교육의 단원 구성

앞서 제시한 기능 중심의 의문문 교육 내용을 정리하여 10개 단원으로 문법 수업 내용을 구성했다. 〈단원 1〉은 의문문의 기능 체계에 대한 전반적이 소개이고 나무지 9개 단원은 의문문을 기능별로 살펴보았다. 구체적인 학습 내용은 다음과 같다.

〈표 6〉 의문문 교육의 단원 구성

순	교육 내용		
1	단원명		의문문 기능 체계 개관
	교육 목표		의문문에 대해 전반적인 파악
	교육 방법		관찰·탐구 학습으로 학습자들이 의문문의 다양한 기능과 기능을 수행하는 데 영향을 주는 요소를 발견하고 항목별로 귀납하게 한다.
	교육 내용		의문문의 체계 분류 의문문의 다양한 기능을 이루어지는 항목 소개
2	단원명		단순 의문 기능
	교육 목표		단순 의문 기능과 단순 의문 기능을 이루는 요소를 파악하기
	교육 방법		하향식 접근법으로 단순 의문 기능을 이루는 요소를 파악하기
	교육 항목	의문형 종결어미	-아/어/여(요), -세요, -냐, -니, -나(요), -습니까?, -는가/ㄴ가/-던가
			-지(요)?, -는데(요)?
		의문사	
3	단원명		의향 기능
	교육 목표		의향 기능과 의향 기능을 이루는 요소를 파악하기
	교육 방법		하향식 접근법, 대조, 인지 전략
	교육 항목	종결 어미	-(으)ㄹ까(요)?, -(으)ㄹ래요?
		선어말 어미	-겠-
		형용사	어떻다
		구문 표현	아/어/여 주다(드리다)

		단원명	추측 기능
4		교육 목표	추측 기능과 추측 기능을 이루는 요소를 파악하기
		교육 방법	하향식 접근법, 대조, 이지 전략
	교육 항목	종결 어미	-(으)ㄹ까요?
		부정 표현	-ㄴ 것 아니야(아니예요)?/아닐까(요)?/아니겠지(요)?, -지 않을까(요)?, -N이/가 아니야(아니에요)?/아닐까(요)?/아니겠지(요)
		부사	혹시, 설마,
		단원명	확인 기능
5		교육 목표	확인 기능과 확인 기능을 이루는 요소를 파악하기
		교육 방법	하향식 접근법, 대조, 이지 전략
	교육 항목	종결 어미	-다고요/-(느)ㄴ다고요?, -지(요)?, -는다면서요?/ㄴ다면서요?/다면서요?/이라면서요?
		부정 표현	-지 않아요?, 설마 -는/은/ㄴ 건 아니겠지요?, 안 그래?
		형용사	어떻다
		구문 표현	-다/자/냐/라는 말이에요?, 그렇지?
		단원명	제보 기능
6		교육 목표	제보 기능과 제보 기능을 이루는 요소를 파악하기
		교육 방법	하향식 접근법, 대조, 인지 전략
	교육 항목	연결어미	-(으)ㄴ들
		부사 의문사	누가 감히/감히 누가 , 어느 누가, 그 누구, 뭐(가) 그리, 어찌 감히, 어찌 아니, 이 어찌
			-(으)ㄴ 게 (다)뭐예요?, -N(이)가 어디 있어요?, -면 뭘 해요?, -어서야/아서야/여서야 어디 -겠어요?, 설마 Vst + 았/었다고 어떻게 되겠어요?, 어디 Vst + 았/었다 뿐이겠는가?
		부정 표현	-지 않겠습니까?, -(으)면 (으)ㄴ/는 거 아니에요?

		단원명	부탁 기능
7		교육 목표	부탁 기능과 부탁 기능을 이루는 요소를 파악하기
		교육 방법	하향식 접근법, 대조, 이지 전략
	교육 내용	종결 어미	ㄹ래(요)?, -아/어요?, ㅂ/습니까?
		선어말 어미	-겠-
		부사	좀
		구문 표현	-아/어/여 주다, -ㄹ 수 있다
		단원명	명령 기능
8		교육 목표	명령 기능과 명령 기능을 이루는 요소를 파악하기
		교육 방법	하향식 접근법, 대조, 이지 전략
	교육 항목	종결어미	-아/어?, -ㄹ래?
		부사	빨리, 어서, 좀, 당장
		부정 표현	안, 못, -지 않다, -지 못하다
		단원명	제안 기능
9		교육 목표	제안 기능과 제안 기능을 이루는 요소를 파악하기
		교육 방법	하향식 접근법, 대조, 이지 전략
	교육 항목	종결 어미	ㄹ래(요)?, -아/어요?, ㅂ/습니까?
		부정 표현	-지 않아요?, -는 게 -지 않아요?
		선어말 어미	-겠-
		통사적 표현	-(으)면 안 돼요?, -지 그래요?, -지 그러세요?, -(으)면 어떨까요?/어때요?
		단원명	정표 기능
10		교육 목표	정표 기능과 정표 기능을 이루는 요소를 파악하기
		교육 방법	하향식 접근법, 대조, 이지 전략
	교육 항목	종결어미	-다고요/-(느)ㄴ다고요, -다니(요)!/(이)냐니요!/라니요!/자니요!
		부정 표현	는 것 아니다
		구문 표현	는단/ㄴ단/단/이란 말이에요?

3.2. 의문문의 교수·학습 방법

3.2.1. 귀납 추론 전략 활용하기

귀납 추론은 인지 전략의 중요한 전략으로 외국어 학습에서 학습자 주체 학습에서 많이 사용되는 학습 전략이다. 전통적인 문법 수업은 교사 위주로 이루어지기 쉽다. 문법은 설명 위주로 진행하는 특징을 갖기 때문이다. 문법을 이해하는 데 교사의 설명이 중요하고 필요하다는 것을 예나 지금이나 학계에서 공인을 받았다. 이러한 특징으로 교사가 수업에서 피할 수 없이 학습자에게 문법을 제시하면서 설명하는 과정이 필요하다. 그러나 자칫하면 교사의 설명이 길어지고, 일방적인 주입식 교육이 이루어져 교사 중심의 강의가 되기 쉽다. 문법 수업에서 교사의 설명도 필요하나 학습자 스스로 생각하고 귀납하는 과정도 중요하다. 학습자들이 스스로 생각하는 과정을 통해서 학습자들은 비로소 이 문법을 확실히 이해할 수 있다.

의문문에 대한 지식이 없는 초급 학습자들과 달리 중·고급 학습자들은 이미 의문문 종결어미, 의문사, 통사구조 등 의문문이 이루어지는 구성요소들에 대해 어느 정도 알고 있다. 교사가 처음부터 설명할 필요 없이 제시자료를 통해서 학습자들을 스스로 의문문의 기능을 수행하는 데 중요한 역할을 하는 요소들을 찾도록 인도하는 역할을 한다. 예시를 통해서 학습자들이 스스로 의문문의 다양한 기능을 귀납 시키고 특정한 기능을 수행하는 의문문의 구성요소가 무엇인지 파악하도록 한다.

◈ 〈예시 1〉 의문문의 다양한 기능을 파악하고 귀납하기

1단계

교사는 다양한 기능을 수행하는 의문문을 제시한다. 교사가 질문을 통해서 학습자들은 발화자의 발화 의도를 주목시킨다.

□ 자료(다양한 기능을 수행하는 의문문 대화 예시)

1. 창수가 누나와 함께 백화점에 가서 여자 친구 수진에게 생일 선물을 하려고 원피스를 골랐다. 하지만 수진의 마음에 들지 않을까 봐 걱정스럽다. 그래서 창수는 자신이 고른 원피스가 어떤지 누나에게 의견을 물어보고 싶다. 이 상황에서 창수가 할 말로 가장 적절한 말을 완성해 보세요.
   창수: 누나, 수진이가 이 원피스를 **좋아할까요?**
   누나: 글쎄, 색깔이 좀 **어둡지 않아?**

2. 하영이는 할아버지와 버스를 타고 집에 가는 길이었다. 할아버지께서 더워서 버스 창문을 열어 두셨는데, 추위를 잘 타는 하영이 창문을 닫으려고 한다. 이 상황에서 하영이가 할 말로 가장 적절한 말을 의문문으로 완성해 보세요.
   하영: 할아버지, 창문을 **좀 닫아도 괜찮겠어요?**
   할아버지: 그래, 내가 닫아 줄게.

3. 보라와 은상은 동창모임을 위하여 저녁 식사를 준비하고 있다. 음식을 넉넉히 준비했지만 보라가 혹시나 음식이 모자랄까 봐 좀 걱정한

다. 아래의 대화를 완성해 보세요.

가: 음식을 이렇게 넉넉히 준비했는데 설마 음식이 모자라**는 건 아 니겠지요?**

나: 그럼요, 걱정 마세요. 넉넉할 거예요.

4. 중국 학생 마정은 수업 시간에 선생님께서 내주신 숙제가 무엇인지 이해하지 못하였다. 그래서 마정은 선생님께 다시 숙제가 무엇인지 여쭤보려고 한다. 이 상황에서 마정이가 할 말로 가장 적절한 말을 완성해 보세요.

마정: 선생님, 숙제를 **다시 한 번 말씀해 주시겠어요?**

5. 영수네 가족은 저녁을 먹으러 식당에 갔다. 그런데 영수와 영수 동생은 식당에서 시끄럽게 뛰어다녔다. 아버지께서 조용히 하라고 몇 번을 해도 아이들은 못 들은 척했다. 화가 난 아버지는 자식들에게 조용히 하라고 다그치려고 한다. 이 상황에서 아버지가 할 말로 가장 적절한 말을 완성해 보세요.

아버지: 너희들, **조용히 하지 못해?**

6. 늦은 밤까지 지수는 안 자고 드라마를 보고 있다. 이를 본 엄마가 몇 번이나 자라고 해도 지수는 못 들은 척하고 계속 드라마만 봤다. 이 상황에서 화가 난 엄마가 할 말로 가장 적절한 말을 완성해 보세요.

엄마: 엄마 **말을 안 듣니?**

7. 어느 날 윤아는 밤 11시까지 연구실에서 공부하고 나서 하숙하는 집에 돌아갔는데 하숙집 열쇠를 연구실에 놓고 와서 아래 층에 사시는 하숙집 아주머니에게 예비 열쇠를 받으려고 한다. 옆에 있던 친구 연희는 늦은 밤에 아주머니께서 이미 주무실 것 같아서 윤아를

말리려고 한다. 이 상황에서 연희가 할 말로 가장 적절한 말을 의문문으로 완성해 보세요.

윤아: 아주머니께 예비 열쇠를 달라고 해야겠다.

연희: 이렇게 늦은 시간에 찾아가면 **실례가 되지 않을까?**

8. 현수가 급한 일이 생겨서 택시를 타고 어딘가로 가고 있다. 기사 아저씨가 큰 길로 가는 것처럼 보이니까 시간이 많이 걸릴까 봐 마음이 너무 급한 현수가 기사에게 빠른 길로 서둘러 가 달라고 부탁해 보려고 한다.

현수: 기사님, 빠른 길로 **가 주실 수 없나요?**

9. 영민이는 오늘 수업할 때 쓸 책을 기숙사에 놓고 학교에 왔다. 그래서 룸메이트 지호에게 책을 가져다 달라고 부탁을 하려고 전화를 하였다. 이 상황에서 영민이가 할 말로 가장 적절한 말을 완성해 보세요.

영민: 지호야, 나 문학 책을 기숙사에 놓고 나왔나 봐. 학교에 올 때 **가져 올래?**

10. 소라는 어제 소방서에 불이 났다는 뉴스를 본 뒤 상지에게 이 소식을 전하였다. 상지는 그 소식을 듣고 놀랐다. 아래의 대화를 완성해 보세요.

소라: 소방서에 불이 났다는 뉴스 봤어요?

상지: 소방서에 **불이 나다니?** 그럴 수도 있나요?

2단계

□ 절차

1) 학습자에게 학습 자료를 보여주면서 이해하도록 한다.

2) 유도 질문을 통해 학습자들에게 의문문의 다양한 기능을 인식시킨다.

※ 학습자 스스로 귀납하기 어려울 경우도 있으니 '권고', '제안', '확인' 등 기능을 제시해서 선택하는 것도 좋다.

♣ 제시에서 화자의 발화의도를 선택해 보세요.

♣ 단순 의문	♣ 추측	♣ 강조	♣ 명령	♣ 놀라움
♣ 의향 묻기	♣ 확인	♣ 부탁	♣ 제안	♣ 인사

3단계 기능을 실현해 주는 요소 찾기

자료를 보고 의문문의 다양한 기능을 실현해 주는 요소들을 찾는 활동이다. 예시 대화를 제시하면서 수업을 시작한다. 예시를 통해서 학습자로 하여금 의문문의 기능이 이루어지는 요소에 주목시킨다. 교사가 유도 질문을 통하여 학습자로 하여금 기능에 따라 나타난 특정한 요소를 주목시키고 식별해내도록 지도한다.

□ 수업 자료

- 할아버지께서 혹시 망령이 드신 게 아닐까요?
- 사람이 어찌 늙지 않을 수 있겠는가?
- 설마 너 혼자 이 밥을 다 먹을려고?
- 문을 좀 닫아 주실래요?
- 아드님이 미국에 갔다면서요?
- 빨리 안 가?
- 엄마 말을 안 들을래?
- 찜질방에 갈까?
- 다친 사람을 보고 어떻게 그냥 지나갈 수 있어?
- 그 사람은 어떤 사람인지 몰라? 왜 꼭 그런 사람이랑 같이 일해?
- 네가 부자냐? 돈도 없으면서 왜 이런 비싼 선물을 사니?
- 바쁜 걸 못 봤어요?
- 당장 나가지 못해?

4단계

□ 절차

1) 교사가 학생에게 다양한 기능을 수행하는 의문문 자료를 나눠 준다.

2) 학생들을 두 명씩 짝을 지어 자료의 의문문이 어떤 기능을 수행하는지를 찾게 한다.

3) 기능을 식별하고 각 예문이 무슨 기능을 수행하는지 이야기하게 한다.

4) 기능을 실현해 주는 요소들을 찾아 밑줄을 긋고 이야기하게 한다.

3.2.2. 대조 전략 활용하기

대조는 언어 학습의 중요한 방법이다. 외국인 학습자에게 한국어를 효율적으로 교육하기 위해서 모국어와 목표어를 내조할 필요가 있다. 구체적인 문법 사용 오류는 문법 항목을 서둘러서 범하는 경우가 많지만 문법 항목의 선택 오류는 보통 학습자 모국어의 영향을 많이 받는다.

◆ 〈예시 2〉 대조·분석을 통하여 모국어 전이 현상을 파악한다.

1단계

□ 절차

1) 의문문으로 다양한 담화 기능을 수행하는 언어 상황을 미리 종이에 다가 타자한다.

2) 교사가 학생들을 세로 줄이나 가로 줄로 한 조를 만든 후 준비된 종이를 조별로 1장씩 나눠 준다.

중국 학생 마정은 수업 시간에 선생님께서 내주신 숙제가 무엇인지 이해하지 못하였다. 그래서 마정은 선생님께 다시 숙제가 무엇인지 여쭤 보려고 한다. 이 상황에서 마정이가 할 말로 가장 적절한 말을 완성해 보세요.

☞ 마정: 선생님, ＿＿＿＿＿＿＿＿＿＿＿＿＿＿＿(숙제)

2단계

□ 절차

1) 조구성원을 'A-B-A-B…' 이렇게 정하고 A로 정한 학생들은 중국
   어로, B로 정한 학생들은 한국어로 상황에 적절하다고 생각하는
   응답을 자기 노트에다가 쓰게 한다.
2) 주어진 종이의 문제 아래쪽에 조구성원들의 응답을 한국어 응답과
   중국어 응답을 따라 정리한다.

3단계

□ 절차

1) 교사가 같은 상황에서 한국인 모어화자가 많이 사용하는 발화를
   미리 종이에다가 타자하고 준비된다.
2) 교사가 준비된 종이를 학습자에게 준다.
3) 조별로 같은 상황에서 한국어 모어화자의 발화와 학습자의 한국어
   응답, 중국어 응답을 살피게 한다. 관찰·대조를 통해서 아래 두
   가지 요구를 완성하게 한다.
   ① 학습자들의 한국어 응답은 모국어 영향을 받는지를 논의하도록
      유도한다.
   ② 학습자들의 응답에서 이해할 수 있는 발화와 적절한 발화를 구
      별시킨다.

4단계

□ 절차

1) 조별로 대표를 뽑아시 전형적인 오류 예문을 칠판에 쓰게 하고 토론한 결과를 발표하도록 한다.
2) 교사는 발표결과를 결합해서 보충 설명을 해주고 평가한다.

3.3. 의문문의 교수·학습 모형

중국 내 한국어 학습자와 같이 언어 사용 환경이 부족한 학습자들에게는 실제적인 수업 활동을 통한 인지적 언어 학습이 필요하다. 본고에서는 위와 같은 인지 전략을 활용하여 의문문 교수·학습 방법을 모색하고자 한다. 인지 전략을 사용한 교수·학습은 교사가 주도적으로 이끄는 수업에서 탈피하여 학습 목표에 맞는 바람직한 인지 전략과 수업 활동을 선택하여 학습자들의 능동적인 수업 참여를 유도한다. 또한 교사는 문제 해결의 촉진자로서 학습자가 문제를 해결할 수 있도록 유도하고 도와주어야 하며, 활동을 통해서 학습자의 인지를 활성화하고, 학습 내용을 파악하는 데 도움을 준다. 수업의 단계 구분은 주로 도입 단계, 전개 단계, 정리 단계로 삼분하고 각 단계의 학습 목표는 아래와 같다.

〈그림 1〉 수업 모형의 단계 구분

수업 단계	도입 단계	⇒	전개 단계	⇒	정리 단계
	↕		↕		↕
학습 목표	학습 내용 인식	⇒	학습 내용 이해	⇒	학습 내용 확인

학습 목표는 학습자들이 언어 학습에 대해서 지향하는 바를 뜻하며 목표가 없는 학생은 방향키가 없는 배와 같다고 할 수 있다. 고로 수업의 목표를 이해하도록 하는 것은 학습에 있어서 효과적이고 필요하다. 학습자들은 관찰, 사고, 추론 같은 인지 활동을 통해서 이미 알고 있는 지식에 새 지식을 연관시켜 효율적인 학습을 이룬다. 본고의 학습 목표는 학습자들이 문제를 해결하는 과정을 통해서 의문문의 다양한 기능을 파악하고 상황에 맞게 의문문을 사용해서 적절한 의도를 표출하는 데 있다. 이를 구체적으로 나눠 보면 학습 목표는 '인식→이해→확인'의 세 단계를 거친다. 여기서 '인식'은 교사가 제시하는 문제에 대해 관찰을 통해서 능동적인 자세로 학습 내용을 추측하는 것이다. '이해'는 학습자들이 다양한 전략을 활용해서 학습 내용을 이해하는 것이다. '이해' 단계는 학습의 제일 중요한 단계로서 이해의 심도는 학습의 성취도에 큰 영향을 끼친다. 학습자들은 교사가 주어진 문제를 해결하는 과정에서 배운 지식을 되짚어 봄으로써 학습 내용을 새로운 시각으로 다시 살펴보고 깊이를 발견할 수 있다. '확인'은 앞의 일련의 학습 활동을 검토하고 학습 성과를 정리하는 단계이다.

이와 같은 학습 목표를 달성하기 위해 각 단계에 적절한 인지 전략과 수업활동을 활용하여 학습자들의 능동적인 수업 참여를 유도할 필요가 있다. [도입 단계]에서 교사는 실제 언어 상황에서 발생할 수 있는 문제를 제시하고 학생들에게 문제를 인식하도록 안내하고, 학습자는 능동적인 자세로 교사의 지시에 따라서 학습할 내용을 추측한다. '동기 유발' 전략으로 게임, 시청각 자료, 질문 등을 활용하여 학습자가 적극적으로 학습활동에 참여하게 한다. [전개 단계]에서 교사는 명시적이거나 암시

적인 제시로 학습자들에게 유도 질문을 던지는 방식을 활용하여 학습자
로 하여금 인지 전략을 사용하게 인도하고 학습자의 추론을 피드백해
주고 확인해 준다. 학습자는 '탐구 학습', '귀납 추론', '언어 간 대조', '언
어 내 대조' 등 다양한 인시 전략을 활용해서 과제를 수행한다. 마지막으
로 [정리 단계]에서 교사는 학습자들의 활동을 인도하고 학습을 마무리
한다. 학습자는 '사고·정리', '자기 평가', '상호 평가' 등의 활동을 통해서
수업에서 배운 내용을 스스로 정리한다. 각 단계에 문제를 해결하는 과
정에서 인지 전략과 구체적인 수업 활동을 활용하여 교사는 학습을 도와
주는 촉진자로서 학습을 인도하는 새로운 역할을 수행하며 학습자에게
스스로 문제를 해결하는 기회를 제공한다. 학습자는 학습의 주체가 되어
문제를 해결하기 위해 학습 과정을 이끌어 간다. 이를 통해 교사와 학습
자들 간에 상호 협력적인 관계가 형성된다. 상술한 논의를 종합하여 문
법 수업에서의 2차적인 의문문 교육에 적합한 의문문 수업 모형을 제시
하면 〈표 7〉과 같다.

〈표 7〉 인지 전략을 활용한 의문문 교육 모형

절 차		제1단계 도입 단계	제2단계 전개 단계	제3단계 정리 단계
목표		인식	이해	확인
전략 및 활동	교 사	· 문제 제시 · 동기 유발 · 탐구 전략 안내 · 유사 경험 자극	· 유도 질문 · 추론 확인 · 피드백	· 내용 정리 · 결어 · 과제물 부여
	학 습 자	· 문제 상황 인식 · 유사 경험 상기 · 탐구 전략 인지 · 학습 내용 추측	· 탐구 학습 · 귀납 추론 · 언어 간 대조 · 언어 내 대조	· 사고·정리 · 자기 평가 · 상호 평가

3.3.1. 도입 단계

도입 단계는 학습자의 인지 활동을 활성화시키는 준비 단계로서 목표 문법을 이끌어내어 학습자의 흥미를 유발하는 동기화 단계이다. 도입 단계의 다양한 활동을 통해 학습자의 배경지식과 기존 지식을 끌어내고 활성화시켜, 학습자의 호기심과 흥미를 유발한다. 이 단계에서 학습자들이 학습할 과제의 필요를 느껴서 적극적으로 학습에 임할 수 있도록 유도하고 학습 동기를 활성화한다. 학습 동기는 학습효과와 밀접한 관계가 있는데 높은 동기를 가진 학습자들은 더 많은 능동적 학습을 하게 되고 좋은 학습 효과를 얻는다. 하지만 중·고급 학습자들은 이미 의문문에 대한 상당한 지식을 가지고 있으므로 현 상태에 만족하고 의문문 학습에 대한 관심을 잃을 수 있다. 따라서 도입 단계에서는 무엇보다도 학습자의 학습 동기를 유발하는 것이 중요하다. 교사가 미리 준비된 다양한 자료나 질문을 통해서 학습자들이 의문문의 활용 면에서 아직 부족한 부분이 존재한다는 것을 깨우치게 하고 의문문에 대한 관심을 끌어내도록 할 필요가 있다. 동기 유발은 뒤에 이어질 탐구 학습의 기본 전제 조건이 될 뿐만 아니라 교실을 떠나서도 생활 속에서 학습한 내용에 관심을 두고 적극적으로 학습하게 하는 동력이 될 수 있다.

3.3.2. 전개 단계

도입 단계에서의 유도 활동이 성공적으로 이루어지면 학습자들은 학습 내용에 대한 기대가 커지고 수업에 호기심과 흥미가 생긴다. 전개

단계는 학습자의 학습 열정을 지속적으로 이끌고 교사와 학습자의 상호
작용 활동을 통해 학습 내용을 본격적으로 학습하는 단계이다. 본고에서
는 의문문에 대해 이미 일정한 기존 지식을 가지고 있는 중·고급 학습자
들을 내상으로 다양한 인지 전략을 통해 지기 주도적인 학습을 인도하는
데 관심을 두었다. 자기 주도 학습이란 "학습자가 학습 상황에서 자기
스스로 또는 학습 조력자와의 상호작용을 통해 자신의 학습 전체를 주도
하고 관리하며 이루어지는 학습"이라고 볼 수 있다(현정숙, 1999). 학습
자 주도적인 학습은 학습자들의 기존 지식, 나이에 대응하는 학습 전략
을 갖춰야만 가능한 것이다. 기존 지식과 학습 전략이 없는 학습자들은
자기 주도 학습을 성공적으로 해내지 못하거나 교육의 효과를 반감시킬
수 있다. 본고의 교육대상인 중국인 중·고급 한국어 학습자는 의문문에
대한 기존 지식을 보유한 성인 학습자로서 자기 주도적인 학습을 충분히
이룰 수 있다. 전개 단계에서는 교사가 학습자들을 이끌어서 다양한 인
지 전략을 사용하도록 한다. 예를 들어 '재결합' 인지 전략으로 이미 학
습된 의문문 지식을 의사소통 기능별로 다시 조합하여 의문문을 화용적
시각으로 다시 살펴본다. 또한 '추론' 인지 전략으로 주어진 상황에서
화자가 의문문을 사용하는 의도를 예측하고 상황에 따른 의문문의 다양
한 의사소통 기능을 추론한다. 한편 '전이' 전략으로 기존의 모국어 지식
이나 학습된 목표어 지식을 사용해서 새로운 언어 학습 과업을 용이하게
이루지게 한다. 즉 중국어 의문문 지식이나 이미 가지고 있는 한국어
의문문 지식을 활용해서 의문문의 다양한 기능을 학습하는 데 적극적인
전이를 가져온다. 이 같은 다양한 인지 전략으로 학습자들의 의문문에
대한 기존 지식을 학습과제와 연관시켜 기존 지식을 복습하면서 새로운

지식을 학습한다. 그리고 본고에서는 과제 중심 교수법을 도입하여 전개 단계에서 다양한 과제를 해결하는 방식으로 수업을 구성한다. 학습자들은 주어진 과제를 해결하는 과정에서 학습할 내용을 배우고 학습 목표를 이룬다. 과제 해결을 통해 성취감과 만족감을 느끼게 되고 학습 능력이 향상될 수 있다. 이 단계에서 교사와 학습자 간의 상호작용 활동이 빈번하게 이루어진다. 학습자 주도적인 학습이 이루어지려면 교사에게 학습자에 대한 신뢰와 수용이 있어야 하고 그들의 다양성을 존중해 주는 분위기를 만들어야 한다(김원자:36). 교사가 문제를 제시하면서 학습자들의 주도적인 학습을 유도하는 보조적 역할을 한다. 예를 들어, 교사가 미리 준비한 여러 가지 기능을 수행하는 의문문을 보여주고, 어떤 기능의 의문문은 화자의 무슨 의도로 언제, 어떻게 사용되는지 생각해 보게 할 수 있다. 이런 방식으로 학습자들에게 의문문의 다양한 기능을 도출하도록 도와준다. 학습자들은 다양한 전략을 활용하여 자기 주도적으로 학습한다. 예를 들면, 학습자는 연역적 추론으로 교사가 제시한 의문문이 수행하는 기능을 추론하고, 언어 간 대조적 분석을 통해서 모국어 전이로 인해 발생한 오류를 찾아낸다. 위와 같이 전개 단계에서 교사와 학습자의 상호작용 활동을 통해서 학습자 주도적인 학습이 이루어지고, 다양한 인지 전략을 활용해서 주어진 과제를 해결하는 과정에서 학습 내용을 이해하고 파악할 수 있다.

3.3.3. 정리 단계

정리 단계는 학습자들이 개인이나 소그룹별로 배운 요점을 정리하는 단계이다. 교사는 학습자들이 정리한 내용에 대해 피드백을 해 주고 다시 수정·보완해서 마무리한다. 이 단계는 수업의 마무리라기보다는 완전한 습득을 이루기 위한 하나의 정리 단계라고 할 수 있다. 다시 말하면 앞에서 과제를 통해 배운 지식을 정리하는 방식으로 학습 내용을 재확인하는 것이다.

이와 같은 교육 과정을 통해 교사가 주도하는 학습 모델에서 벗어나 다양한 인지 전략을 활용한 학습자 자기주도 학습이 이루어지고 의문문의 다양한 기능을 학습하도록 한다. 학습자들은 과제 해결을 통해서 의문문의 다양한 기능을 파악하고 누가, 언제, 어디서, 어떤 배경 상황에서 자기의 의도를 적절하게 표출하는지를 파악한다.

4 결론

외국어 교육의 최종 목표는 외국인 학습자들이 모국어 화자만큼 원활하게 의사소통을 하는 것이다. 원활한 의사소통을 하기 위해서는 문장이 이루어지는 어휘, 문법에 대해 교육할 필요가 있을 뿐만 아니라 문장 전체에 대한 교육도 필요하다. 이에 본고는 의사소통의 기본 단위인 '문장'을 연구 대상으로 삼아 한국어 문장 교육에 관심을 두고 의문문을 대상으로 한 한국어 문장 교육을 연구했다. 현재 중·고급 외국인 학습자들의 경우 의문문에 관한 문법 지식을 많이 가지고 있지만 의문문의 다양한 기능을 상황에 맞게 표출하지 못하는 경우가 많다. 즉, 화용 능력이 많이 부족한 편이다. 본 연구는 중국인 학습자의 한국어 화용 능력 향상을 위한 의사소통 기능 중심 의문문의 체계적인 교육에 대해 연구했다. 우선 의문문의 의사소통 기능을 이루는 문법적 요소와 관련지어 논의하였으며 중국인 중·고급 학습자들의 의문문 이해·사용 양상에 대한 분석을 토대로 의문문의 체계적인 교육 내용을 고안하고 효과적인 교수·학습 방안을 모색하는 데 목적을 두었다.

본 연구는 다음과 같이 제시하였다.

서론에서는 연구 목적과 필요성을 제기한 후 의문문과 관련된 선행 연구들을 살펴보았다. 이어서 먼저 언어의 의사소통 기능 및 실현 요소를 고찰하고 이를 한국어 교육에서의 의문문 기능 실현 요소로 규명했다. 마지막으로 중국인 학습자들에게 한국어 의문문을 파악하는 특성을 마련하고자 한·중 의문문의 다양한 기능을 실현하는 요소에 대해 대조·분석을 하였다. 이를 통해 중국인 학습자들이 한국어 의문문을 학습하는 데에 어려운 점을 예측하고 의문문을 적절하게 사용하지 못하는 원인을 살펴보았다. 또한, 의문문의 분류를 마련하기 위한 인지언어학의 원형 범주 이론을 살펴보았다.

이에 본고에서는 의문문의 교수·학습 내용, 방법 및 실제를 다루었다. 앞에서 살펴본 연구 결과를 바탕으로 하여 구체적으로 인지 전략을 활용한 과제 중심 의문문 교수·학습 모형을 구안하였다. '동기 유발', '귀납 추론', '대조', '전이' 등 다양한 인지 전략을 활용하여 학습자 주도적인 학습을 이루는 데 관심을 두었고 의문문 기능 체계와 구체적인 교육 내용을 바탕으로 의문문 교육의 단원 구성을 제시하였다.

본고는 의사소통 기능을 중심으로 의문문 교육의 체계와 내용을 구안하고 한국어 학습자들의 의문문 화용 능력을 신장하는 점에서 의미가 있다. 의문문의 다양한 기능을 한국어 교육의 관점에서 체계화하고 구체적인 발화 상황과 결합하여 의문문의 다양한 기능을 제시·설명했다. 또한, 의문문의 다양한 기능을 이루는 분법 항목을 학생들이 학습하기 쉽게 제시하였다. 연구의 성과는 '한국어 문법' 수업의 교육 내용을 학습하는 데 도움이 될 것이며, '한국어 문법' 교재 개발 및 교수·학습의 설계의 새로운 방향을 제시하는 데에도 도움이 될 것이다. 그리고 다양한 인지 전략을 활용한 학습자 주도적인 교수·학습 방안을 구체적으로 제시하였다는 점에서 그 의의를 찾아볼 수 있다.

참고문헌───────────────────

강현화(2007), 「한국어 표현문형 담화기능과의 상관성 분석 연구-지시적 화행을 중심으로」, 『이중언어학』 34, 이중언어학회, 1~26쪽.

구종남(1992b), 「국어 융합형 부가의문문의 구조와 의미」, 『언어』 17, 전북대학교 언어연구소, 285~312쪽.

_____(2001), 「국어 의문의 화행과 응답 방식」, 『한국언어문학』 46, 한국언어문학회, 413~432쪽.

_____(2004), 「국어 부정 의문문에 대한 응답 방식 연구-통계적 접근」, 『국어국문학』 136, 국어국문학회, 193~229쪽.

권재일(2004), 『구어 한국어의 의향법 실현방법』, 서울대학교출판부.

김경호(2010), 「의문문에 있어서의 반복 언어화: 응답 발화를 중심으로」, 『동북아 문화연구』 25, 동북아시아문화학회, 549~564쪽.

김광해(1983), 「국어의 의문사에 대한 연구」, 『국어학』 12, 국어학회, 101~136쪽.

김상희(1996), 「판정의문문의 대답에 관한 연구」, 이화여자대학교 석사논문.

김선겸·권순희(2005), 「부정 의문문에 나타난 화자의 태도 분석」, 『국어교육학연구』 24, 국어교육학회, 162~186쪽.

김선호(1997), 「한국어 물음말에 대한 연구」, 『어학연구』 29, 어문연구학회, 99~125쪽.

김선희(2003), 「특수 의문문에서의 양태 의문사에 관한 연구」, 『한글』 259, 한글학회, 115~140쪽.

김승곤(2011), 『21세기 국어의 의향법 연구』, 박이정.

김애화(2009), 「부정의문문의 명령화행을 논함」, 『중국조선어문』 162, 길림성민족사무위원회, 115~140쪽.

김영희(2005), 「수사 의문문에서의 되풀이 현상」, 『어문학』 87, 한국어문학회, 131~155쪽.

김정숙(2003), 「통합 교육을 위한 한국어 교수요목 설계 방안 연구」, 『한국어교육』 14-3, 국제한국어 교육학회, 119~143쪽.

김정옥(2012), 「형대중국어 의문대사 비의문 용법의 교수방안 연구」, 경희대학교 석사논문.

김제열(2004), 「한국어 교사 교육을 위한 국어학 교수 요목」, 『외국어로서의 한국어 교육』 29, 연세대학교 한국어학당.

김진호 외(2010), 『외국인을 위한 한국어 문법: 의미·기능편 I』, 박이정.

　　　　외(2010), 『외국인을 위한 한국어 문법: 의미·기능편II』, 박이정.

김현숙(2011), 「간접인용문에서 의문문의 실현 양상과 한국어 교육에의 적용 문제」, 『언문연구』 70, 어문연구학회.

김호정(2008), 「한국어 교재 내의 문법 용어 계량 연구, 언어과학연구」, 『언어과학연구』 46, 언어과학회, 1~21쪽.

　　　　(2013), 「한국어 학습자의 조사 변이 양상 연구」, 『우리말글』 58, 우리말글학회, 151~187쪽.

남기심·고영근(1985), 『표준국어문법론』, 탑출판사.

노영균(1984), 「국어 의문문의 통사와 의미」, 서울대학교 석사논문.

류현미(1992), 「판정 의문문의 화용의미에 대하여」, 『언어연구』 8, 한국 현대 언어학회, 55~75쪽.

　　　　(1999), 「국어 의문문의 연구」, 충남대학교 박사논문.

　　　　(2000), 「국어 의문문의 대화구조(I)」, 『어문연구』 33, 한국 현대 언어학회, 69~89쪽.

　　　　(2001), 「국어 의문문의 대화구조(II)」, 『어문연구』 37, 한국 현대 언어학회, 59~82쪽.

　　　　(2002), 「반복의문문의 화행과 대화기능」, 『어문연구』 39, 한국 현대 언어학회, 101~133쪽.

문태혁(2010), 「초등학교 통합영어 교육을 위한 교수요목 설계」, 한국교원대학교 박사논문.

민현식 외(2005), 『한국어 교육론:한국어 교육의 역사와 전망 1』, 한국문화사.

　　　　외(2005), 『한국어 교육론1』, 한국문화사.

박덕유·이철수·문무영(2004), 『언어와 언어학』, 역락.

박덕유(2006), 『학교 문법론의 이해』, 역락.

　　　　(2010), 『외국인을 위한 한국어』, 박문사.

　　　　외(2010), 『한국어 교육의 전략과 탐색』, 박문사.

_____ 외(2011), 『한국어학습자를 위한 음운교육 연구』, 박문사.

_____ 외(2012), 『한국어학습자를 위한 문법교육 연구』, 박문사.

_____ 외(2013), 『한국어문법의 이론과 실제』, 박문사.

박선태(1996), 「간접화행의 화행론적 연구」, 『스페인어문학』 9-1, 한국스페인
　　　　어문학회, 307~327쪽.

박영순(1990), 「국어의문문의 의미에 대하여」, 『새국어교육』 46, 한국국어교육
　　　　학회, 95~104쪽.

_____(2007), 『화용론』, 박이정.

_____(2008), 『한국어와 한국어 교육』, 한국문화사.

박재연(2004), 「한국어 양태 의미 연구」, 서울대학교 박사학위논문.

박종갑(1984), 「의문문의 화용론적 특성(1)」, 『한민족어문학』 11, 한민족어문학
　　　　회, 159~180쪽.

_____(1986a), 「국어 의문문의 화용론적 특성(2)」, 『어문학』 47, 한국어문학
　　　　회, 45~64쪽.

_____(1986b), 「의문법 어미의 종류에 따른 의문문 유형의 의미기능」, 『한민
　　　　족어문학』 13, 한민족어문학회, 397~419쪽.

_____(1987), 「국어 의문문의 의미기능 연구」, 영남대학교 박사논문.

배현숙(2003), 「한국어 학습자를 위한 기능 교수 요목」, 『국제한국어 교육학회
　　　　학술대회논문집』 2003, 국제한국어 교육학회, 650~661쪽.

백봉자(2006), 『(외국어로서의)한국어 문법 사전』, 하우.

서순희(1992), 「현대국어 의문문 연구」, 숙명여자대학교 박사논문.

서정목(1979), 「경남방언의 의문법에 대하여」, 『언어』 4, 한국언어학회.

_____(1987), 『국어 의문문 연구』, 탑출판사.

_____(1990), 「의문법」, 『국어연구 어디까지 왔나』, 동아출판사.

서정수(1986), 「국어의 서법」, 『국어생활』 7, 국어연구소, 116~130쪽.

_____(1996), 『국어문법』, 한양대학교출판원.

서희정(2011), 「한국어 교육에서 수사의문문의 교육 내용-'무슨'-수사의문문을
　　　　중심으로」, 『새국어교육』 88, 한국국어교육학회, 221~244쪽.

양명희(1991), 「국어 의문문의 유형과 응답 유형에 대하여」, 『冠岳語文硏究』
　　　　16-1, 서울대학교 국어국문학과, 115~134쪽.

염나(2010), 「한국어와 중국어 부정문의 대비 연구」, 충남대학교 석사논문.

왕정·박덕유(2012), 「한국어와 중국어의 조어법 대조 연구」, 『새국어교육』 91, 한국국어교육학회, 289~317쪽.

윤지혜(2013), 「한국어 지시화행 연구―중급 교재를 중심으로」, 충북대학교 석사논문.

이동석·김보은(2014), 「한국어 교육에서의 '―냐' 계 어미 교육」, 『새국어교육』 98, 한국국어교육학회, 461~493쪽.

이명희(2010), 「중국어권 학습자를 위한 한국어 화행 교육 연구」, 서울대학교 박사논문.

이미혜(2005), 「한국어 문법 교육 연구―추측 표현을 중심으로」, 이화여자학교 박사논문.

이승연(2012), 「고급 한국어 학습자를 위한 수사의문문 교육 연구―논증적 글쓰기의 문어체 수사의문문을 중심으로」, 『한국어 교육』 23-3, 국제한국어 교육학회, 259~287쪽.

이영민(1998), 『국어 의문문의 통사론』, 도서출판 보고사.

진강려(2011), 「중국인 학습자를 위한 한국어 부정 의문문 교육 연구」, 『국어교육연구』 28, 서울대학교 국어교육연구소, 31~60쪽.

_____(2012), 「중국인 학습자를 위한 의문문의 간접화행 교육 연구」, 서울대학교 박사논문.

_____(2014), 「한국어 의문문의 지시화행 사용 양상 조사」, 『한중경제문화연구』 2012-1, 한중경제문화학회, 267~299쪽.

채완·이익섭(1999), 『국어문법론 강의』, 학연사.

최연(2010), 「한국어 교육 현장에서의 의문문 형태의 접근과 현황―중한 의문문대조를 중심으로」, 『문법 교육』 12, 한국문법교육학회, 399~424쪽.

최윤곤(2010), 『한국어 문법 교육과 한국어 표현범주』, 한국문화사.

3. 한·중 상대 높임법 대조 분석 연구

 1 서론

　한국어의 높임법은 대우법(待遇法), 경어법(敬語法), 존대법(尊待法),

존비법(尊卑法) 등 학자에 따라 그 용어가 다양하게 사용되고 있다.[1]

높임법은 문장의 종결 형태의 문법 요소에 의한 분류로 문장의 주체를

높이는 '주체 높임법', 청자인 상대를 높이는 '상대 높임법', 문장의 목적

어나 부사어가 지시하는 대상, 즉 서술의 객체를 높이는 '객체 높임법'이

있으며, 어휘 요소에 의한 분류로 높임말과 낮춤말이 있다. 성기철

---

1) 박덕유(2014)는 학교 문법에서는 '높임법'이라는 용어를 사용하지만, 허웅(1954),
　신창순(1962), 김석득(1968), 이희승(1968)은 '존대법', 이숭녕(1964), 이익섭
　(1974), 김형규(1975), 박영순(1976)은 '경어법', 성기철(1970), 고영근(1974)은
　'존비법', 서정수(1972), 성기철(1984)은 '대우법', 안병희(1961)는 '겸양법'이라는
　용어를 사용한다고 하였다.

(2007:123-131)은 '화계'는 문장의 종결형 또는 이에 준하는 형태로 청자에 대한 화자의 대우 등급을 의미한다고 하였으며, '등분'이란 말로 쓰여 왔으나 근래에 '화계'라는 말이 일반적으로 쓰인다고 하였다. 학교문법 (2003:173)에서는 국어의 높임법 가운데 가장 빌달한 깃이 상대 높임법이며, 이는 말하는 이가 듣는 이에 대하여 높이거나 낮추어 말하는 방법으로 주로 종결 표현으로 실현되며, 격식체(하십시오체-하오체-하게체-해라체)와 비격식체(해요체-해체)로 나뉜다고 하였다.[2]

중국어는 상대 높임법이 발달되어 있지 않을 뿐 아니라 표의문자(表意文字)를 바탕으로 한 고립어이기 때문에 다양한 종결어미의 문법 요소로 실현되는 상대 높임법을 중국인 학습자에게 교육하기란 어렵다. 이에 본고에서는 한국어의 상대 높임법과 중국어의 상대 높임법을 대조 분석하여 한국어 상대 높임법의 교육 방안을 제시하는 데 기저로 삼고자 한다.

2 문법 요소에 의한 높임법

한국어와 중국어는 높임법이 이루어지는 형식이 다 있지만 차이가 있다. 문법 요소에 의한 높임법은 한국어의 높임법이 이루어지는 가장 중요한 형식이라고 할 수 있다. 이외에는 어휘 요소에 의해서 이루어지는

---

2) 한국어에서의 '화계'는 높임법의 일종인 '상대 높임법'에 나타나는 등급(scale of politeness)을 의미한다.

높임법도 있다. 하지만 중국어의 높임법은 그렇지 않다. 중국어의 언어 구조와 특징은 한국어와 많이 달라서 한국어처럼 문법 요소로 이루어지는 높임법이 거의 없다. 이것은 바로 한국어와 중국어의 상대 높임법의 가장 현저한 차이이다.

2.1. 한국어 상대 높임법

상대 높임법은 화자가 청자를 높이거나 낮추는 것이다. 청자와의 관계에 따라 높임과 낮춤의 정도가 결정되며, 그 등급은 종결어미에 나타난다. 상대 높임법에는 격식체와 비격식체가 있다. 격식체는 공식적이고 의례적인 상황에서 사용하며, '하십시오체, 하오체, 하게체, 해라체'가 있다. 비격식체는 화자와 청자 사이가 가깝거나 비공식적인 상황에서 사용하는데, 주로 일상 회화에서 많이 사용하며 '해요체, 해체'가 있다.

한국어의 상대 높임법은 주로 화자와 청자, 그리고 주체나 객체에 해당하는 제삼자에 의해 성립되므로 객관적이고 체계적인 문법 규칙이 필요하다. 따라서 나이나 계급, 직장 서열 등 사회적 지위에 따른 수직적 관계에서는 보다 엄격한 격식체가 요구되지만 개개인의 친분 정도에 따른 보다 정감적인 표현일 경우에는 비격식체를 사용한다. 그러나 단순히 문법적인 요소에 의해 정형화되기보다는 주체와 객체 등 제삼자가 화자, 청자와 어떤 관계에 있는지, 또는 제삼자가 대화 장면에 있느냐 없느냐에 따라서도 다르게 나타날 수 있다. 또한, 주변 상황 등 환경적 요인이나 사회적 요인, 그리고 화자의 기분이나 감정에 따른 화자의 심적 태도나 의도 등 담화론이나 화용론에 의해서도 나타날 수 있기 때문에 획일

적인 문법 체계로 제한하기가 어렵다.[3]

(1) ㄱ. 안녕히 가십시오. (하십시오체)
ㄴ. 안녕히 가시오. (하오체)
ㄷ. 안녕히 가게. (하게체)
ㄹ. 안녕히 가거라. (해라체)

(2) ㄱ. 안녕히 가세요. (해요체)
ㄴ. (안녕히, 잘) 가. (해체)

위의 예문 (1)에서처럼 격식체는 4개의 화계로 '하십시오, 하오, 하게, 해라' 로 이루어지는데, 요즘 한국의 젊은 세대에서는 '하오'와 '하게'가 거의 사용되지 않는다. 더욱이 하오체는 예사 높임이지만 아랫사람이 윗사람에게 사용하지 않고, 대등한 관계나 오히려 윗사람이 아랫사람에게 사용한다. 그리고 비격식체는 예문 (2)에서처럼 '해요'와 '해'를 사용한다. 더욱이 요즘 젊은 청소년들의 화계는 격식과 비격식을 구별하여 사용하지도 않고 복잡하지도 않다. 오히려 격식체보다는 '해요-해'의 비격식체를 많이 사용한다. 그러나 한국 사회의 기성세대와 군대나 회사 등 수직적 사회에서는 격식체를 사용하기도 하므로 이에 대해 보다 체계적인 교육이 필요하다. 박덕유(2013:93)의 한국어 높임법 화계 체계를 제시하면 다음과 같다.

---

3) 박덕유(2014) 참조.

〈표 1〉 한국어 높임법의 화계 체계

문장의 종류	격식체			비격식체		
	높임말		낮춤말	높임말		낮춤말
	아주높임	예사높임	예사낮춤	아주낮춤	두루높임	두루낮춤
	하십시오체	하오체	하계체	해라체	해요체	해체
평서형	-ㅂ니다 /습니다 -(으)십니다	-(시)오 -소	-네 -(으)네	-다 -ㄴ/는다	-어(아/여)요	-어(아/야) -지, -걸, -데
의문형	-ㅂ니까? /습니까? -(으)십니까?	-(시)오?	-나? -는(으)ㄴ가?	-니? -(느)냐?	-어(아/여)요?	-어(아/여)? -게? -던?
명령형	-(으)십시오	-(으)시오 -오 -구려	-게	-어(아/여)라 -(으)렴 -려무나	-어(아/여)요	-어(아/여) -지
청유형	-(으)십시다	-(으)ㅂ시다	-세	-자	-어(아/여)요	-어(아/여) -지
감탄형	-	-는구려	-는구먼	-는구나	-어(아/여)요	-어(아/여) -지, 군

2.2. 중국어 상대 높임법

중국어 존대법은 한국어의 상대 높임법, 주체 높임법 등과 같이 연결어미, 주체 존대 선어말어미 '-(으)시', 격조사를 통해 청자와 주체를 높이거나 낮추는 대응 부분이 없다. 이것은 중국어의 독특한 언어 형태에 의하여 이루어진 것이다. 그렇기 때문에 중국어에는 한국어와 같은 아주 높임, 예사높임, 격식체, 비격식체 등의 등급 구분은 없지만, 문형, 어기 등의 문법적인 방법으로 존경의 뜻을 드러낼 수 있기 때문에 중국어에도 문법 요소를 사용하여 존경을 뜻을 드러내는 방법이 있다고 할 수 있다.

2.2.1. 문형에 의하여

'請', '讓' 등의 동사를 사용한 문형은 존경이나 겸양의 뜻을 드러낼 수 있는데, 다음과 같은 예가 있다.

> (3) ㄱ. 請坐。
> ㄴ. 請您幫幫我。
> ㄷ. 請原諒我不請自來。
> ㄹ. 請允許我介紹一下自己

중국어에서는 '請', '請+동사', '請+동사+목적어' 등 문형을 통해서 청자가 어떤 행동을 완성하기를 바라고 청자에 대한 존경의 뜻을 표현한다. 그리고 '請原諒……', '請允許我……' 등 동사구에서 청자의 양해를 빌고 겸양의 뜻을 드러낸다.

> (4) ㄱ. 讓你久等了。
> ㄴ. 讓您掛心了。
> ㄷ. 讓我來吧。

'讓'은 청자에 대한 겸양의 뜻을 나타내어 청자를 높여서 대우한다. '讓我……'라는 문형은 자신의 낮춤으로써 청자를 존경하는 뜻을 포함한다. 이밖에 '能不能', '可不可以', '是不是' 등의 의문형 문형을 사용하여 부드러운 느낌을 주면서 제의함으로써 청자에게 존경의 뜻을 표현하기도 한다.

2.2.2. 어기에 의하여

중국어에는 '서술 어기, 의문 어기, 명령 어기, 감탄 어기' 이외에 '경체 어기'라는 것이 있는데, 경체 어기는 중국어 대우법에서 매우 중요한 문법적 방법이라고 할 수 있다. 溫雲水(1996)에 의하면 경체 어기는 서술, 의문, 명령, 감탄 네 가지 어기와 같은 문법 차원에 속하지 않는다. 경체 어기는 위의 네 가지 어기의 변체라고 할 수 있는데 위의 네 가지 어기를 서로 결합해서 경체서술, 경체의문, 경체명령, 경체감탄 등의 어기를 이룬다. 예로 살펴보면 다음 〈표 2〉와 같다.

〈표 2〉 중국어 경체 어기의 표현

	비경체 어기	경체 어기
서술형	您很堅強。 您做得很好。	您真堅強啊！ 您做的真好啊。
의문형	是姜老師嗎？ 你聽說過這本書嗎？	是姜老師吧？ 您聽說過這本書吧？
명령형	早上八點到這裡。 把門關上。 你過來一下。	請您早上八點到這裡。 麻煩您把門關上，行嗎？ 勞駕您過來一下，好嗎？
감탄형	你怎么不努力学习！ 你怎麼離開啦！	要是你努力學習該多好啊！ 要是您不離開多好啊！

서술형을 살펴보면 일반 서술어기의 문장은 상위자가 하위자에게 칭찬하는 뜻을 담고 있다. 하지만 하위자가 상위자를 찬양하는 경우에는 서술어기의 문장을 경체 감탄어기의 문장으로 바꾸어서 표현해야 한다.

중국어 의문형에서 어기사 '嗎'를 '吧'로 교체함으로써 경체 어문어기를 실현할 수 있다. 상위자가 하위자에게 명령을 할 때 일반 명령어기를 사용할 수 있다. 반면에 하위자가 상위자에게 명령을 하고자 할 때는 '請您+VP', '請您+VP, 好嗎?'로 문형을 바꾸어야 한다. '請您'을 '勞駕您', '求您', '麻煩您' 등으로, '好嗎?'를 '可以嗎?', '行嗎?', '好不好?' 등으로 교체할 수 있다.

감탄형 측면에서 보면, 일반 감탄어기는 가끔 불만이나 지적의 느낌이 보인다. 그럴 때에 긍정적 형식을 부정적 형식으로 바꾸고 부정적 형식을 긍정적 형식으로 바꾸면 된다.

이처럼 한국어와 중국어의 상대 높임법은 문법적으로 큰 차이를 보인다. 한국어의 상대 높임법은 형식적으로 체계적이며, 계칭의 범주도 전형적인 반면 중국어의 상대 높임법은 체계가 제대로 갖춰지지 않았을 뿐 아니라 형식적인 변화 또한 보이지 않는다. 즉, 중국어의 상대 높임법은 문형의 변화와 어기의 변화를 통해 존경의 뜻을 드러내는 데 그치고 있다.

 ## 3 어휘 요소에 의한 높임법

3.1. 한국어 높임 어휘

어휘 요소에 의한 한국어의 높임법은 '자다-주무시다, 있다-계시다, 주다-드리다, 만나다-뵙다, 죽다-돌아가시다' 등의 높임말과 낮춤말이 있지만 이는 청자를 높이는 데 절대적인 관계가 아니다. 따라서 한국어의 상대 높임법에 직접 관계되는 어휘 요소에 의한 특징을 제시하면 다음과 같다.

3.1.1. 접미사, 조사, 의존명사에 의한 화계 분류

청자를 호칭할 경우 접미사, 조사, 의존명사에 따라 화계가 나누어질 수 있다.

(5) ㄱ. 사장님,[4] 전화 왔습니다.
ㄴ. 기사님, 전화 왔어요.
ㄷ. 김 군,[5] 전화 왔네.
ㄹ. 영희 씨,[6] 전화 왔어.
ㅁ. 영숙아,[7] 전화 왔다/왔어.

예문 (5ㄱ)은 격식체의 하십시오체이고, (5ㄷ)은 격식체의 하게체이며, (5ㅁ)은 격식체의 해라체이다. 그리고 (5ㄴ)은 비격식체의 해요체이고, (5ㄹ)은 비격식체의 해체이다. 직위나 신분을 나타내는 일부 명사 뒤에 붙어 '높임'의 뜻을 더하는 접미사인 '-님'이 붙을 경우에 평서형에서는 종결어미가 '-ㅂ니다'나 '-아(어)요'로 표현된다. 그리고 의존명사 '군'이 성 뒤에 결합할 경우에는 어미가 '-네'로 종결되며, 의존명사 '씨'가

---

4) ((직위나 신분을 나타내는 일부 명사 뒤에 붙어)) '높임'의 뜻을 더하는 접미사.
5) ((성이나 이름 뒤에 쓰여)) 친구나 아랫사람을 친근하게 부르거나 이르는 말.
6) ((성년이 된 사람의 성이나 성명, 이름 아래에 쓰여)) 대체로 동료나 아랫사람에게 쓴다.
7) ((사람이나 동물 따위를 나타내는 받침의 체언 뒤에 붙어)) 손아랫사람이나 짐승 따위를 부를 때 쓰는 격 조사.

이름 뒤에 올 경우에는 어미 '-아(어)'로 종결된다. 그리고 이름 뒤에 호격(呼格)조사 '-아(야)'가 오면 종결형 어미 '-다'나 '-아(어)'가 온다.

3.1.2. 명사 자체에 의한 높임말

명사 자체에 높임의 의미를 수반하므로 상대를 높이게 된다.

〈표 3〉 명사에 의한 높임말

명사	높임말
밥	진지
집	댁
사람	분
나이	연세
말	말씀

(6) ㄱ. 진지를 드셨어요?
　　ㄴ. 댁이 어디세요?
　　ㄷ. 저분은 누구세요?
　　ㄹ. 연세가 어떻게 되세요?
　　ㅁ. 말씀하세요.[8)]

위에서 보는 바와 같이 이런 명사는 일상 생활에서 많이 쓰이는 높임 명사이다. 이외에는 한국어에는 존경 어휘소가 들어있는 이른바 유표적

---

8) '말씀'은 '말'의 높임말(①)과 화자 자신을 낮추는 말(②)로도 쓰인다.
　　① 선생님의 말씀을 잘 들었습니다.
　　② 제가 말씀드리겠습니다.

인 높임명사와 겸양명사도 있다.

높임명사는 예를 들면 다음과 같다.

존(尊): 존부(尊府) 존의(尊意) 존문(尊文) 존견(尊見) 존명(尊名) 존안(尊顔)
귀(貴): 귀경(貴庚) 귀성(貴姓) 귀체(貴體) 귀택(貴宅) 귀업(貴業) 귀보(貴報)
고(高): 고령(高齡) 고수(高壽) 고견(高見) 고의(高意) 고명(高名) 고교(高敎)
대(大): 대필(大筆) 대가(大駕) 대명(大名) 대수(大壽) 대저(大著) 대작(大作)
옥(玉): 옥수(玉手) 옥체(玉體) 옥음(玉音)

한국어 겸양명사는 일상 생활에서 많이 쓰이는 겸양명사가 있을뿐더러 겸양 어휘소가 들어 있는 이른바 유표적 겸양명사도 있다. 예를 들면 다음과 같다.

졸(拙): 졸필(拙筆) 졸고(拙稿) 졸문(拙文) 졸견(拙見)
폐(敝): 폐국(敝國)
우(愚): 우견(愚見) 우계(愚計) 우의(愚意)
비(鄙): 비견(鄙見)
천(賤): 천명(賤名) 천구(賤軀)

3.1.3. 인칭 대명사에 의한 화계 분류

'어르신, 당신, 그대, 자네, 너' 등의 인칭 대명사(人稱代名詞)에 의해 화계가 분류된다.

(7) ㄱ. 어르신께서는 다음에 하십시오.
    ㄴ. 당신[9]은 다음에 해요.

ㄷ. 그대(자네)[10]는 다음에 하게.
ㄹ. 너는 다음에 해/해라.

예문 (7ㄱ)은 격식체의 하십시오체, (7ㄴ)은 비격식체의 해요체이다. 그리고 (7ㄷ)은 격식체의 하게체이고, (7ㄹ)은 격식체의 해라체도 가능하고 비격식체의 해요체도 가능하다. '어르신'은 2인칭 대명사로 명령형(命令形)일 경우에 '-십시오'가 용언 어근에 연결되고, '당신'이 나오면 종결형 어미는 '-아(어)요'로 된다. 그리고 '그대'나 '자네'가 나오면 명령형 어미는 '-게'로 종결되고, '너'의 2인칭 대명사가 오면 '-아(어)/아(어)라'의 어미로 종결된다. 이에 인칭 대명사에 의한 화계를 분류하여 제시하면 〈표 4〉와 같다.

〈표 4〉 인칭 대명사에 의한 화계 분류

	하십시오	해요/하오	하게	해/해라
2인칭 대명사	어르신, 선생님	당신, 그대	그대, 자네	너
3인칭 대명사	그분, 저분, 이분	그이, 저이, 이이		걔, 얘, 쟤
감탄사			이보게, 여보게	

자신을 낮추는 공손의 인칭 대명사도 있는데 1인칭의 '나'를 사용하면 '해/해라'를, 자신을 낮추는 '저'를 사용하면 상대를 높임으로써 '해요/하십시오'로 사용된다.

---

9) 부부 사이에서, 상대편을 높여 이르는 이인칭 대명사.
10) 듣는 이가 친구나 아랫사람인 경우, 그 사람을 높여 이르는 이인칭 대명사. '그대'는 하게체 자리나 하오체 자리에 쓰지만, '자네'는 하게체 자리에 쓴다.

(8) ㄱ. 나(는) 집에 가/간다.

ㄴ. 저는 집에 가요/갑니다.

3.1.4. 호칭어 자체에 의한 화계 분류

한국어 호칭어는 친족 호칭어와 사회 호칭어의 두 가지로 나눌 수 있다. 여기서 사회 호칭어를 중심으로 살펴보겠다. 한국어 사회 호칭어의 분류 체계는 〈표 5〉와 같다.

〈표 5〉 호칭어에 의한 화계 분류

	구성방식	예문
'명사+접사 /의존명사'형	명사+님	선생님, 사장님, 고객님
	명사+씨	김철수 씨, 김 씨
	명사+군11)/양12)	박현주 군, 박 군, 김진아 양, 김 양
	명사(지명)+댁	오류골댁, 인원댁
	명사(지명)+네	윤영이네, 평순네
'명사'형	성명/이름	김철수, 철수, 철수야
	성/이름/성명+직함	김철수 부장, 김 부장
	지명/부서명+직함/친족어	부산 오빠, 안동 이모
	자명+친족어	원경 엄마, 은젤 아빠
	친족어	언니, 오빠, 아줌마, 아저씨

위와 같은 각 호칭어의 하위 유형들에 의하여 대응하는 상대 높임의

---

11) 군: 의존명사, (성이나 이름 뒤에 쓰여) 친구나 아랫사람을 친근하게 부르거나 이르는 말.

12) 양: 의존명사, (결혼하지 않은 여자의 성)이나 성명, 이름 뒤에 쓰여 아랫사람을 조금 높여 이르거나 부르는 말, 성 뒤에 쓰일 때 낮잡는 느낌을 줄 수도 있다.

화계 등급과 사용 상황도 다르다. 여기서 고찰한 국어 호칭들의 유형별 사용 상황은 호칭어 사용 시에 누구에게 어떤 상대 높임과 함께 사용할 것인가를 결정하는 기준으로서의 의미를 찾을 수 있다.

3.1.5. 동사에 의한 높임말

동사 자체가 높임의 뜻을 가지고 있어 '-(으)시-'를 사용하지 않는다. 이는 대상을 높이는 어휘이므로 청자를 높이는 데만 국한되지 않는다. 즉, 청자가 누구인가에 따라 달라진다.

〈표 6〉 동사에 의한 높임말

동사	높임말
먹다	드시다, 잡수시다
마시다	드시다
자다	주무시다
죽다	돌아가시다
있다	계시다
말하다	여쭙다
보다	뵙다
데리다	모시다

(9) ㄱ. 할아버지께서 진지를 드셨습니다.
　　 ㄴ. 할아버지께서 진지를 드셨다.
(10) ㄱ. 할머니께서 지금 주무셔요.
　　 ㄴ. 할머니께서 지금 주무셔.

3.2. 중국어 높임 어휘

　중국어는 고립어(孤立語)로 형태 구조의 문법 변화가 없고, 주로 어휘 요소에 의해 상대 높임법을 분류한다. 따라서 중국인 학습자는 한국어의 상대 높임법 등급에 따른 화계를 어려워할 수밖에 없다. 한국어에 대응되는 상대 높임법의 화계를 나누는 요소로 몇 가지를 제시하고자 한다.

3.2.1. 명사에 의한 높임 어휘

　중국어는 어휘를 통해 높임의 의미를 드러내는 방법이 발달하여 한국어 못지않게 높임 어휘가 많다. 중국어 높임 어휘는 파생형태소[13]로 실현되는데, 경어 어소(敬語語素)인 '令, 尊, 大, 拜, 貴, 奉, 恭, 雅' 등이 '경어 어소+체언/용언' 형식을 취할 경우 청자에 대한 존경을 표현한다. 명사에 의하여 이루어진 것은 〈표 7〉[14]과 같다.

〈표 7〉 중국어 높임의 뜻을 나타내는 존경 명사

語素	의미	예문	주석
令	'令'으로 호칭어 앞에 붙여 청자의 가족을 존칭하는 형태소이다.	令尊身體還好嗎? 아버님께서 건강하십니까?	'令尊'은 경어로서 청자의 아버님에 대한 존칭이다.
尊	'尊'은 존대한다는 뜻이다. 청자와 관련된 사람이나 사물에 대한 높임이다.	不知尊意如何? 어떻게 생각하십니까?	'尊意'는 상대의 생각이나 견해에 대한 존경을 나타낼 때 사용한다.

---

13) 파생형태소란 사물이 어떤 근원으로부터 갈려 나와 생긴 문법적 또는 관계적인 뜻만을 나타내는 단어나 단어 성분이다.
14) 강곤(2014), 「한국어의 상대 높임법에 관한 연구─중국어와 대조하여」, 한중경제문화연구.

大	'大'는 상대를 칭할 때나 상대와 관련된 사물에 대해 존대하는 뜻이다.	有機會很想拜讀您的大作。 기회가 되면 대작을 꼭 한번 읽고 싶습니다.	'大作'은 상대가 쓴 책이나 작품에 대한 존경을 나타낼 때 사용한다.
拜	'拜'는 존경 의미를 나타내는 예설이라고 해석한다.	有機會很想拜讀您的大作。 기회가 되면 대작을 꼭 한번 읽고 싶습니다.	'拜讀'는 '상대방의 작품'에 대한 존칭이다.
貴	'貴'는 귀하다는 뜻이다. 청자와 관련된 사람이나 사물에 대한 존칭이다.	請問您貴姓? 성함이 어떻게 되십니까?	'貴姓'는 청자의 성함에 대한 존경을 표현하는 것이다.
奉	'奉'은 원래 양손으로 들고 있다는 뜻이다. '奉'을 붙여 자기의 행동이 청자에게 미치는 존대를 표현한다.	具體的情況以後當面奉告。 자세한 상황은 제가 나중에 직접 알려드리겠습니다.	'奉告'는 경어로서 '알려주다'의 뜻에 해당하다.
恭	'恭'은 관련된 동사 앞에 붙어 경의를 나타낸다.	恭候佳音。 좋은 소식을 기대하겠습니다.	'恭候'는 경어로서 공손히 기다린다는 뜻으로 사용한다.
雅	'雅'는 아름답다는 뜻이며 청자의 사물에 대한 존칭이다.	多謝您的雅教。 당신의 교육에 감사합니다.	'雅教'는 상대의 교육이나 지도에 대한 존경의 뜻으로 사용한다.

〈표 7〉은 청자에 대한 존경의 의미를 가진 명사들에 대한 것이다. 중국어에서는 존경의 의미를 가진 어휘를 사용하여 청자를 높임으로써 청자에 대한 존경의 의미를 실현할 뿐 아니라, 자신을 낮추어서 청자에 대한 존경의 의미를 실현할 수도 있다. 이런 표현은 겸손의 의미를 가진 형태소 '家, 舍, 愚, 寒, 敝, 晚, 小, 賤, 鄙, 拙' 등으로 실현되는데, 이런 어휘를 '겸사(謙詞)'라고 부른다.

(11) ㄱ. 歡迎光臨寒舍。
　　　(저희 집에 와 주시기를 환영합니다.)

ㄴ. 家父常常這樣教導我。
(저의 아버지가 항상 이렇게 가르쳐 주셨습니다.)

예문 (11)에서 '寒舍'는 '저의 집'라는 뜻이며 '家父'는 '저의 아버지'라는 뜻이다. 이런 파생 경어는 '我'를 낮춤으로써 청자를 존대하는 높임법으로 공식적인 장소나 사류 등에서 주로 많이 쓰이며 일상생활에서는 많이 쓰이지 않다.

(12) 겸사를 생산하는 경어 어소와 결합한 높임말
ㄱ. 舍-: 舍下, 舍妹, 舍弟
ㄴ. 愚-: 愚見, 愚兄, 愚妹
ㄷ. 晚-: 晚生, 晚輩
ㄹ. 賤-: 賤妾, 賤命
ㅁ. 鄙-: 鄙下, 敝姓, 鄙校
ㅂ. 小-: 小人, 小女, 小兒
ㅅ. 拙-: 拙見, 拙作

중국어의 경사(敬詞)와 겸사는 고대 중국어에서 많이 발달하였으나 현재의 언어생활에서는 소수 어휘만 사용될 뿐 대부분의 어휘가 사용되지 않고 있다. 또한, 사회적 신분이나 생활 계층에 따라 사용하는 범위도 다르다.

3.2.2. 인칭 대명사에 의한 높임 어휘

중국어의 1인칭 대명사와 3인칭 대명사는 여러 상황에 빈번하게 사용되지만, 그 자체는 존대의 의미를 가지고 있지 않다. 존대의 의미를 가지며 높임 표현을 가장 잘할 수 있는 것은 2인칭 대명사이다. 중국어 2인칭 대명사의 높임 어휘는 중국어의 높임표현에서 결정적인 역할을 할 수 있다. 중국어의 대표적인 제2인칭 존경칭 대명사는 '您'이다. 현대 중국어에서 '您'의 사용빈노는 아주 높나. 득히 문어에서 사용 빈도가 더 높다. 이외에 2인칭 복수형의 존대칭은 '您們'이다. 그리고 연세가 많은 분에게 '您老(어르신)' '您老人家(어르신)' 등 형태도 많이 사용한다. 여기서 논의할 만한 것은 2인칭 복수형의존대칭 '您們'이다. '您們'는 주로 두 사람 혹은 두 사람 이상의 상대에게 이야기를 할 때 쓰는 존칭어이지만 주로 과거에 사용되던 것으로 요즘에는 잘 사용하지 않고, '你們'의 사용이 늘어나는 추세이다. 예를 들면 다음과 같다.

(13) ㄱ. 你去哪兒?　　　　　(어디 가?)
　　 ㄴ. 您去哪兒?　　　　　(어디에 가십니까?)
　　 ㄷ. 您老最近身體好嗎?　(어르신, 요즘 건강이 어떻습니까?)
　　 ㄹ. 爺爺, 您老人家高壽?　(어르신, 춘추가 어떻게 되십니까?)
　　 ㅁ. 老師, 您吃飯了嗎?　(선생님, 식사하셨어요?)
　　 ㅂ. 原來是會長您呢!　　(사장님이시군요!)
　　 ㅅ. 您請坐.　　　　　　(앉으세요.)
　　 ㅇ. 請您簽字.　　　　　(사인을 해주세요)

청자가 나이가 많거나 지위가 높을 때에는 (13ㄴ)처럼 '您(당신)'을 사용하며, 나이가 비슷하거나 적을 경우, 그리고 지위가 낮을 때에는 (13ㄱ)과 같이 '你'를 사용한다. (13ㄷ)과 (13ㄹ)은 최상의 존대 대상에게 2인칭 '您老' '您老人家'를 사용한 것인데, 모두 한국어의 '어르신'과 대응이 된다. (13ㅁ), (13ㅂ)처럼 '您'자는 중국어의 평서문, 의문문, 감탄문,

명령문에 모두 사용되며 상대에 대한 존경을 표현할 수 있다. 명령문에서는 (13ㅅ), (13ㅇ)과 같이 '您' 앞에 혹은 뒤에 '請'(부디, 제발)을 붙임으로써 말투를 더 부드럽고 예의있게 표현할 수 있다.

위의 예문을 통해 우리는 중국어 경어법에서 '您'는 한국어의 '당신'보다 사용범위가 훨씬 넓고 그 쓰임이 자연스럽다는 것을 알 수 있다. 한국어에서는 '당신'이 결합할 수 있는 환경이 제한되어 있는 것과 달리 중국어에서는 자기보다 지위나 나이가 많아 존경해야 할 대상에 거의 제한 없이 '您'를 사용할 수 있다.

3.2.3. 호칭어에 의한 높임 어휘

중국어 상대 높임법에서도 한국어와 마찬가지로 다양한 호칭어가 사용되고 있다. 駕照芹(2008:2)는 중국어의 호칭어가 중국어 높임법과 밀접한 관계가 있다고 지적하였다. 『현대중국어사전』에 의하면 '呼稱'은 '사람들이 가족과 기타 방면의 相互的인 관계로 인하여 신분, 직업 등에서 얻은 명칭이라는 것을 알 수 있다. 왕한림(2011)에서 호칭어는 명사 경어에서의 호칭 경사와 호칭 겸사를 갖는다고 했다. 그것은 그와 관계되는 다른 사람에 대한 존칭과 자신 및 자신과 관계되는 사람의 겸칭을 포함한다.

호칭어는 보통 '경/겸사 어소+실제적인 의미 있는 명사'의 구조로 표현된다. '경어 어소'로 많이 사용되는 것으로 '令', '尊', '賢' 등을 들 수 있다. 이는 '아름답다, 존귀, 현덕'의 의미를 갖는다. 반면에 가장 많이 사용하는 '겸사 어소'에는 '家, 小, 卑, 舍' 등이 사용된다. 자기보다 나이가 높거나 선배들 중 친한 사람을 호칭할 때에 앞에 '家'를 붙여 '家父', '家母' 등처럼 사용한다. '家父'는 남에게 자기의 아버지를 일컫는 말이며 '家母'는 남에게 자기의 어머니를 일컫는 말이다. 자기보다 나이가 적거나 후배들 중 친한 사람의 경우에는 앞에 '舍'를 붙인다. 예를 들면 '舍 妹', '舍親' 등이다. 이처럼 겸사 어소는 자신을 낮춤으로써 상대방에 대한 존경을 표현한다. 이런 경/겸사 어소를 붙임으로써 존대를 표현하는 호칭어는 고대 중국어에서 매우 발달하고 사용빈도도 높았지만 현대 중국어에서는 거의 사용하지 않는다.

호칭어는 친족호칭어과 사회호칭어로 분류할 수 있는데 여기서는 사회호칭어만 살펴보겠다. 현대 중국어의 사회호칭어를 정리하면 〈표 8〉 과 같다.

〈표 8〉 현대 중국어 호칭어 존칭의 실현 방식

순서	구성방식	예
1	성씨+연장자 호칭어	王叔叔(왕 아저씨), 張阿姨(장 이모), 李奶奶(이 할머니), 孫爺爺(손 할아버지)
2	성씨+老	張老(장노/장 선생님), 王老(왕노/왕 선생님)
3	성씨+직무	黃局長(황 국장님), 李市長(이 시장님), 潘教授(반 교수님), 張經理(장 사장님)
4	성씨+先生(남자의 경우) 성씨+小姐/夫人/太太 (여자의 경주)	楊先生(양 군), 夏小姐(하 양), 黃夫人(왕 부인), 張太太(미스터 장)
5	직업명+연장자 호칭어	解放軍叔叔(해방군 아저씨), 警察叔叔(경찰 아저씨), 門衛大爺(경비실 아저씨)
6	접두사'大'+연장자 호칭어	大哥(큰형), 大姐(큰언니/큰누나), 大娘(큰어머니), 大爺(어르신), 大叔(아저씨)

(14) ㄱ. 孫爺爺, 最近身體好嗎? (손 할아버지, 요즘 건강하시죠?)

　　 ㄴ. 張老, 好久不見了 (장노, 오래만이에요.)

　　 ㄷ. 徐老師, 今天下午沒有課嗎?

　　　　(서 선생님, 오늘 오후에 수업이 없어요?)

　　 ㄹ. 楊先生, 明天上午我們公司有個會議。

　　　　(양 선생, 내일 오전에 우리 회사에 회의가 있습니다.)

　　 ㅁ. 警察叔叔, 我撿到了一個錢包。

　　　　(경찰 아저씨, 전 지갑을 하나 주웠습니다.)

　　 ㅂ. 大哥, 能幫我一下嗎? (큰형, 좀 도와주실 수 있어요?)

중국어에는 상대방을 부르는 높임의 호칭 어휘가 있는데, 이런 높임의 어휘는 대부분 일반적인 일상 생활 용어와 대응된다. 예를 들면 '爸爸(아버지)-父親(부친), 媽媽(어머니)-母親(모친), 爺爺(할아버지)-祖父(조부님), 奶奶(할머님)-祖母(조모님), 姥爺(외할아버지)-外祖父(외조부), 姥姥(외할머님)-外婆(외조모)' 등을 들 수 있다. 이런 고유형식의 호칭어는 옛날부터 현대까지 계속 사용되고 있는 어휘들이다.

이처럼 중국어에도 상대방을 부르는 높임을 나타내는 호칭어의 양상이 한국어와 같이 매우 풍부하고 복잡하다는 것을 알 수 있다. 이런 점은 중국어 높임의 호칭어와 한국어 높임의 호칭어 간의 공통점이라고 할 수 있다.

3.2.4. 동사에 의한 높임 어휘

중국어 동사에도 경겸 어휘소가 첨가되어 이루어진 경겸동사가 있다. 존경 어휘소를 첨가하여 상대를 직접 높임으로써 대우하는 높임동사와 겸양 어휘소를 첨가하여 자신을 낮춤으로써 상대를 간접적으로 높여 대우하는 겸양동사가 그것이다. 구체적으로 살펴보면 〈표 9〉와 같다.

〈표 9〉 경검 어휘소에 의한 실현 방식

語素	의미	예문	주석
拜	'拜'는 존경 의미를 나타내는 예절이라고 해석한다.	有機會很想拜讀您的大作。 기회가 되면 대작을 꼭 한 번 읽고 싶습니다.	'拜讀'는 '상대방의 작품'에 대한 존칭이다.
奉	'奉'은 원래 양손으로 들고 있다는 뜻이다. '奉'을 붙여 자기의 행동이 청자에게 미치는 존대를 표현한다.	具體的情況以後當面奉告。 자세한 상황은 제가 나중에 직접 알려드리겠습니다.	'奉告'는 경어로서 '알려주다'의 뜻에 해당하다.
恭	'恭'은 관련된 동사 앞에 붙여 경의를 나타낸다.	恭候佳音。 좋은 소식을 기대하겠습니다.	'恭候'는 경어로서 공손히 기다린다는 뜻으로 사용한다.

앞에서 중국의 상대 높임법에 대하여 간단히 살펴보았다. 앞에서 설명한 내용 외에 접두사, 접미사를 통해서 높임을 실현하는 방식도 있다. 접두사 경우라면 경어 어소와 겸사 어소인 '令', '尊', '賢', "家', '小', '卑', '舍' 등을 어두에 붙임으로써 상대방에 대한 존대를 실현할 수 있다. 접미사의 경우는 '성씨+老'의 형식으로, 보통 연세가 좀 있으신 분에게 사용하며 높임을 표현한다. 접두사, 접미사의 구체적인 실현 방식은 앞에서 이미 살펴보았던 '높임의 뜻을 나타내는 경어어소'와 '호칭어'의 내용과 상당히 중복되므로 여기서 따로 살펴보지는 않겠다.

위에서 살펴본 바와 같이 한국어와 중국어는 모두 높임의 기능을 가진 명사, 인칭 대명사, 동사, 호칭어 등 어휘적 요소에 의하여 상대를 높여서 대우하거나 자신을 낮춤으로써 상대를 간접적으로 높일 수 있다.

두 언어의 상대 높임법의 어휘적 방법 유사성은 다음과 같다.

첫째, 한국어와 중국어의 어휘 요소의 분포가 비슷하다. 두 언어 모두 명사, 인칭 대명사, 호칭어, 동사 등에 의하여 존대 표현이 실현된다.

둘째, 한국어와 중국어 모두 호칭어 체계가 잘 발달되어, 이를 통해 존대 표현을 세밀하게 실현할 수 있다.

셋째, 경겸 어휘소는 한국어와 중국어 어휘 높임법에서 둘다 중요한 실현 방식이다.

두 언어의 상대 높임법에 대한 차이점은 다음과 같다.

첫째, 한국어는 첨가어로 높임의 대상에 접미사, 조사, 의존명사를 붙여 높임법을 실현하지만, 중국어는 조사 자체가 존재하지 않기 때문에 이같은 방식으로 높임을 실현하지 않는다.

둘째, 한국어의 '당신'과 중국어의 '您'의 용법 차이이다. 사전에 따르면 '당신'은 중국어로 '您'로 번역할 수 있지만, 중국어 경어법에서 '您'는 한국어의 '당신'보다 사용 범위가 훨씬 넓고 자연스럽기 때문에, 실제적인 언어 활동에서 그 쓰임이 일치하지 않는다. 한국어에서 '당신'이 결합할 수 있는 환경이 제한되어 있는 것과 달리 중국어에서는 자기보다 지위나 나이가 많아 존경해야 할 대상에게 거의 제한없이 '您'를 사용할 수 있다.

4 결론

  한국어의 화계는 높임법의 일종인 상대 높임법에 나타나는 등급(scale of politeness)을 의미하며, 문장의 종결형 또는 이에 준하는 형태로 표현된다. 한국어의 높임법 가운데 가장 발달한 것은 상대 높임법으로 이는 말하는 이가 듣는 이에 대하여 높이거나 낮추어 말하는 방법으로 격식체(하십시오체-하오체-하게체-해라체)와 비격식체(해요체-해체)로 나뉜다. 따라서 한국어의 상대 높임법은 다양한 종결어미의 문법 요소로 실현되므로 중국인 학습자들에게 이를 교육하기가 어려운 것이 사실이다. 특히, 중국어는 문법의 형태적 변화가 없는 고립어의 특징을 가지므로 대조 분석을 통한 공통점과 차이점을 고찰하고, 이를 기저로 한국어 높임법 화계의 효율적인 교육을 마련하는 데 본고의 목적이 있다.

  우선, 한국어와 중국어의 상대 높임법의 대조 분석을 통한 주요 특징을 제시하면 다음과 같다. 첫째, 한국어와 중국어 모두 명사, 대명사, 수사, 동사, 접미사 등에서 높임말과 낮춤말로 나타낼 수 있는 공통점이 있다. 둘째, 한국어는 첨가어로 높임의 대상에 조사를 붙여 사용하지만 중국어에는 조사 자체가 존재하지 않는다. 셋째, 중국어에는 경사(높임말)와 겸사(낮춤말)로 분류하여 높임표현을 실현하지만, 한국어에서는 이러한 어휘적 요소에 호응되는 문법적 표현을 함께 사용해야 한다. 또한, 중국어에는 양사와 접두사를 사용하여 높임의 의미를 갖는다. 이러한 이유로 중국 학습자들이 높임법을 사용할 때 많은 오류를 범하기 쉬우므로 이에 대한 교육을 보다 강화해야 한다.

참고문헌

강곤(2014), 「한국어의 상대 높임법에 관한 연구—중국어와 대조하여」, 한중경
　　　　제문화연구.

고영근·남기심(1993), 『표준국어문법론』, 탑출판사.

기문흠(2014), 「중국인 한국어 학습자를 위한 높임법 지도 방안 연구」, 광주여
　　　　자대학교 석사학위논문.

김청룡(2011), 「한국어 높임법 어휘에 관한 연구」, 서울대학교 석사학위논문.

류가(2011), 「한국어와 중국어의 어휘높임법 비교 연구」, 배제대학교 석사학위
　　　　논문.

박덕유(2009), 『학교문법론의 이해』, 역락.

　　　　외(2013), 『한국어 문법의 이론과 실제』, 박문사.

　　　　(2014), 「한국어 성경 마가복음의 높임법 화계 분석 및 고찰」, 『성경원문
　　　　연구』 34, 대한성서공회, 83~107쪽.

서정수(1972), 「현대 국어의 대우법 연구」, 『어학연구』 8-2, 한국언어학회.

　　　　(1984), 『존대법 연구』, 한신문화사.

서울대학교 국어 교육 연구소(2003), 『문법』, 두산.

성기철(1984), 「현대 국어 주체 대우법 연구」, 『한글』 184, 한글학회, 81~111쪽.

　　　　(2007), 『한국어 대우법과 한국어 교육』, 글누림.

신군(2012), 「한·중어의 높임법 비교 연구」, 배제대학교 석사학위논문.

장천애(2014), 「중국인 학습자를 위한 한국어 상대 높임법 교육 연구」, 전남대
　　　　학교 석사학위논문.

왕한림(2011), 「한중 경어법의 비교연구」, 선문대학교 석사학위논문.

우영지(2012), 「한국어와 중국어 높임어휘에 대한 대조적 고찰」, 전남대학교 석
　　　　사학위논문.

윤란(2012), 「중국인 한국어 학습자의 한국어 높임법 습득 양상에 관한 연구」,
　　　　이화여자대학교 석사학위논문.

이관규(2004), 『학교 문법론』, 월인.

이익섭(1974), 「국어경어법의 체계화문제」, 『국어학』 2, 국어학회, 39~64쪽.

조지윤(2009), 「존대법 번역과 성경 번역 접근법」, 『성경원문연구』 25, 대한성

　　　　서공회, 127~148쪽.

지응구(2003), 「한국어의 상대 높임법 연구」, 부산대학교 석사학위논문.

최문정(2010), 「한중 경어법 대비연구」, 연변대학교 석사학위논문.

최현배(1959), 『우리말본』, 정음사.

황효(2013), 「한·중 높임법에 관한 어학석 연구」, 가천대학교 석사학위논문.

P.A. Noss(1977), "Dynamic and Funtional Equivalance in the Gbaya Bible",
　　　　Notes on Translation 11:3, pp.24~29.

제 **3** 장

중국인 학습자를 위한
담화·맞춤법 연구

제3장 중국인 학습자를 위한 담화·맞춤법 연구

1. 한국어 담화 표지 교육 내용 구성에 대한 연구

2. 한국어와 중국 조선어의 맞춤법 규범 비교 연구

1. 한국어 담화 표지 교육 내용 구성에 대한 연구

 1 연구의 필요성 및 연구 문제

　한국어 교육에서 의사소통적 교수법이 도입된 이래 학습자의 의사소통 능력 향상이 궁극적인 교육 목표가 되었으며, 학습자들이 한국어 관련 기초 지식을 정확하게 이해하고 실제적 대화 상황에 맞게 해당 표현을 선택하여 적절하게 사용할 수 있도록 지도하는 것이 핵심적인 지향점이 된다.

　원활한 구두 의사소통을 위해서는 화자와 청자 간의 상호 협력이 필요하다. 맥락 의존도가 높은 한국어를 이용하여 대화하는 경우에 화자가 다양한 맥락 정보(상대방과의 관계, 발화 시 상황 등)를 전면적으로 파악하면서 발화하고 대화 맥락에 따라 자신의 발화 의도나 심리 태도를 제대로 전달하기 위해 풍부한 담화 표지를 동원한다. 한국어 담화 표지는 성공적인 의사소통을 이끌 수 있는 중요한 전략의 하나로서 말하기 교육에서도 비중 있게 다루어져야 된다고 여겨진다.

순수한 국어학 측면에서 이루어지는 연구는 대부분 담화 표지의 개념이나 정의, 특징, 형태와 범위 설정, 기능, 분류 등 기본적 이론에 집중되어 있다. 현재 부분적으로 일치되어 가고 있으나 아직까지는 연구자의 개인 목적에 따라 개념이나 범위 면에서 상당히 많은 불일치를 보이고 있는 실정이다. 한국어 교육에서도 이와 비슷한 문제를 면할 수가 없다. 안주호(2009)에서는 다양한 담화 표지 중에서 무엇을 교수 항목으로 선정하고 표준형으로 삼을 것인가를 정하기 어렵고 교육 목록을 잡는 데 의견 차이가 있으며 기능별로 위계화되어 있지 않아 교수 시의 어려움을 지적한 바가 있다. 한국어 교육 현장에 있는 교사들도 담화 표지의 체계가 번잡하고 교재에도 표준화된 제시 내용이 없다고 하면서 여러 고민을 토로하고 있다. 따라서 효과적인 담화 표지 교육을 위해서는 이 분야에 대한 면밀한 고찰과 분석, 그리고 교육 현장에서의 적용은 굉장히 의미 있는 작업이 된다.

한편, 대조언어학적인 관점에서 볼 때 담화 표지는 범언어적인 요소이다. 그러나 각 언어 사용 집단의 사회 문화의 차이로 인하여 담화 표지로 활용될 수 있는 언어 형태들이 다르고, 또한 이러한 언어 형태들이 담화 표지로서의 사용역도 상이하다. 한·중 담화 표지도 각각 특유한 분포 양상과 체계를 가지고 있어 공통점이 있으나 상이한 부분이 압도적으로 많다. 한·중 담화 표지 '어디'[1]와 '哪里/哪儿'의 대조를 통해서 간단

---

1) '어디'의 담화적 기능은 이한규(2008)의 일부 분석 결과를 참조함.

히 살펴보자.

    (1) ㄱ. 내가 담근 김치 맛이 어때?

        ㄴ. <u>어디</u>? (哪儿呢?)

    (2) <u>어디</u> 두고 보자. (走着瞧。)

    (3) 어떻게 된 거야? <u>어디</u> 대답 좀 해봐. (快解释一下啊。)

    (4) <u>어디</u> 날 때리기만 해봐. (你打我一下试试。)

    (5) ㄱ. 한국에 온지 얼마나 됐어?

        ㄴ. <u>어디</u>~ 와, 거의 10년 됐네. (呃, 啊, 快十年啦。)

    (6) ㄱ. 여자 친구 있어?

        ㄴ. <u>어디</u>, 여자 친굴 사귈 시간이 어딨어?

          (哪儿啊, 哪儿有时间交女朋友啊。)

    (7) 아휴, 이런 사람이 <u>어디</u> 한둘인 줄 알어?

      (你以为就一两个人这样啊。)

    (8) ㄱ. 돈 좀 빌려줘, 급해서 그래.

        ㄴ. 나야 도와주고 싶지, 근데 <u>어디</u> 돈이 있어야 도와주지.

        (但我也得有钱才能帮你啊。)

이상의 예문들은 한국어 담화 표지 '어디'의 주요 담화 기능을 잘 보여 주고 있는데, 각각 살펴보면 (1)적극적인 응답, (2)벼르기, (3)추궁하기, (4)협박하기, (5)시간벌기, (6)~(8)부정하기가 그것이다. 그리고 같은 부정하기의 기능을 하고 있는데도 세밀한 쓰임의 차이를 보이고 있다. (6)에서는 독립적으로 쓰여서 상대방의 발화, (7)에서는 화자 발화의 일부분으로서 뒤에 나오는 내용에 대한 부정을 나타내고 (8)에서는 화자가 돈이 없다는 사실 때문에 상대방을 진심으로 도와주려는 마음이 있지만 아무것도 못한다는 안타까움을 잘 표현하고 있다. 그러나 (1)과 (6)에서의 '어디'만 해당하는 중국어 표현 '哪里/哪儿'과 대응하고 있고 나머지 예문들에 나타난 '어디'는 '哪里/哪儿'로 번역할 수 없다. 따라서 중국인 학습자들은 모국어에 없는 '어디'의 이러한 다양한 쓰임을 내재화하려면 상당한 어려움을 겪을 수밖에 없다. 높은 한국어 구사력을 가지고 있는 중국인 중·고급 학습자들조차 실세 대화에서 '어디'의 대명사 용법만을 집중적으로 사용하고 담화 표지로서의 기능은 잘 사용하지 않으며, 가끔 쓴다 하더라도 매우 제한적으로 쓰고 있다는 사실이 습득의 어려움을 방증해 준다. 그러므로 중국인 학습자들을 위한 효과적인 담화 표지 교육이 매우 필요하다.

　담화 표지 교육을 위한 첫 번째 과제가 교육 내용 선정인데 현행 한국어 교재에는 담화 표지가 폭넓게 포착되지 못하고 특정 담화 표지의 담화 기능이나 해당 설명도 충분히 제시되지 못한 실정이다. 게다가 각 교재에 제시되어 있는 담화 표지도 천차만별이다. 이는 현행 교재에 나와 있는 대화문의 상당한 부분이 여전히 문어 문법에 기반하고 있어 실제성이 결여되고 구어적 특징이 충분히 반영되지 못하고, 담화 표지에 대한 표준화된 교수요목(course of study)이 설정되어 있지 않은 데서 비롯된다. 그러므로 구어에서 주로 실현되는 담화 표지를 효과적으로 교수하기 위해 말하기 교재에서 제시할 담화 표지의 교육 목록 선정이 선행되어야 한다.

　본 연구에서는 위와 같은 문제의식에서 출발하여 우선 국어학계의 기존 연구를 검토하여 중국인을 위한 한국어 교육이라는 특수성에 부합되는 중·고급 단계에서의 담화 표지 교육 목록을 선정하고자 한다. 담화 표지는 일정한 사전적인 의미를 가진 어휘가 대부분이며 문법화의 과정을 거쳐 원래의 의미와 다르게 쓰이므로 초급 학습자보다는 일정한 한국어 기초를 가지고 있는 중·고급 학습자들이 담화 표지의 다양한 의미와 기능을 더 잘 이해하고 사용할 수 있기 때문에 중·고급을 위주로 연구를 진행할 것이다.

2 담화 표지에 대한 이론적 배경

2.1. 선행 연구 검토

담화 표지를 다루는 초창기의 연구로 라보브와 팬샬(Labov&Fanshel, 1977), 스치프린(Schiffrin, 1987), 블랙모어(Blackmore, 1987) 등을 들 수 있다. (한)국어교육에서는 1980년대 후반기부터 이 분야에 대한 관심이 높아지면서 본격적으로 연구하기 시작하였다.

그동안 국어학 관점에서 담화 표지에 관한 연구는 아주 큰 성과를 이룩하였다고 할 수 있다. 담화 표지 전반에 걸쳐서 개념, 특징, 체계 및 기능 등을 논의하는 연구로 임규홍(1996), 오승신(1995), 이정애(1998), 김태엽(2000), 김향화(2001) 등이 있다. 개별 담화 표지에 대한 심도 있는 연구도 활발하게 진행되어 왔는데, 이러한 연구들은 주로 일반적으로 전통적인 범주에 속하는 감탄사, 대명사, 의문사, 부사, 접속부사, 구절 표현 등을 기능이나 의미 면에서 살펴보는 것들이다.[2]

---

[2] 간략히 보자면, 감탄사로부터 전성된 담화 표지에 대한 연구는 '그래'를 다룬 신현숙(1989), 강우순(1991), 이한규(1996), '예/네'를 분석한 강현석(2009), '글

한국어 교육 분야에서 담화 표지 전반을 다루는 연구는 아주 극소수다. 대표적인 연구로 안주호(2009)를 들 수 있는데 이 연구는 담화 표지가 필수적으로 교수·학습해야 하는 항목이라고 주장하면서 한국어 교재에 나타나는 담화 표지를 급별로 살펴보고 이를 바탕으로 한국어 교육 교수요목으로서의 담화 표지를 선정하고 위계화하였다는 점에서 아주 큰 의미를 지니고 있다. 또한 전영옥(2002)에서는 운율적, 형태적, 통사적, 의미적, 화용적 측면에서 담화 표지의 특징을 골고루 다룸으로써 후속 연구를 위한 좋은 지침을 제공해 주었다.

2.2. 담화 표지의 정의와 특징

그동안 담화 표지는 연구자에 따라 다양한 용어3)로 불리어 왔는데

쎄'를 다룬 이해영(1994), 이원표(1993), 김선희(1994), '아니'에 초점을 두어 논의한 송병학(1994), 김미숙(1997), 이원표(2001) 등이 있다. 부사 형태를 지니고 있는 담화 표지에 대한 연구로서는 '이제(인자)'에 대한 이원표(1992), 이기갑(1995), 임규홍(1996), 김광희(2004), '정말'을 다룬 임규홍(1998), '참'을 분석한 강우원(2000), 김영철(2007), '막'에 대해 고찰한 최지현(2005), 안정아(2008), 김영철(2010) 등을 들 수 있다.

접속부사에 속하는 담화 표지에 대한 연구로서 '그러니까(근까), 그러나, 그렇지만'을 다룬 신현숙(1989), 이기갑(1994) 등이 있었고, 최근 들어 '그러니까'의 담화 기능을 분석한 강소영(2006), '그래도'를 다룬 김혜정(2009)등이 있었다. 의문사 중에서 '뭐'를 바라보는 김선희(1994), 이한규(1999), 남길임·차지현(2010) 등이 있고, '왜'를 중심으로 그 기능을 분석하는 김선희(1994), 이한규(1997), 김영란(2000) 등 연구가 있었으며, '어디'에 대한 연구는 구종남(1999), 이한규(2008) 등을 들 수 있다. 이외에도 구절 형태를 가진 담화 표지 중에서 '말이야'에 대한 임규홍(1994), '-아/어가지고'를 살핀 임규홍(1994), '그래가지고'의 의미를 분석한 강소영(2005), '뭐랄까'를 다룬 김선희(1994), '있잖아(요)'에 대한 김주미(1994), 강연임(2005), '뭐야'에 대한 이원표(2001) 등이 있다.

3) 구체적인 용어 사용을 살펴보면, '디딤말(hedge)-(Lakoff, 1973)(이정민·박성현,

요즘 들어 담화 표지로 통일되어 가고 있다. 담화 표지에 대한 정의는 Schiffrin(1987)이 제시하는 '말의 단위를 묶는 순서적으로 의존하는 요소'란 규정에서 본격화되었다고 할 수 있다. (한)국어교육에서는 이를 수용하면서도 한국어 담화 표지의 독특한 점을 더 부각시켜 정의를 하려는 시도들이 많이 이루어졌다. 대표적 연구인 이한규(1996), 임규홍(1998), 이정애(1998) 등은 대체로 '구어 담화에서 실현되어, 명제적 내용에는 직접 관여하지 않고, 원래의 어휘적 의미에서 벗어나 담화상에서 일정한 기능을 수행하는 언어 표현'에서 그 공통점이 드러나고 있다.

현재 담화 표지의 정의나 목록 설정에 대해 연구자들이 서로 다른 견해를 보이고 있으나 기본적 특징에 대해서는 거의 일치한 의견을 보이고 있다. 본 연구에서는 임규홍(1996)과 전영옥(2002) 등 대표 연구들의 핵심 주장을 받아들이면서 몇 가지 미세한 점을 추가하여 한국어 교육용 담화 표지의 특징을 다음과 같이 재정리해 보았다.

□ 사용 환경
  ㄱ. 쓰임에서 공간적, 계층적 보편성을 가진다.
  ㄴ. 구어 담화에서 주로 실현되며 출현 위치가 자유로운 편이다.

1991)', '군말-(김종택, 1982)', '머뭇거림이나 입버릇-(남기심·고영근, 1985)', '주저어와 부가어-(노대규, 1996)', '담화불변화사(discourse particle)-(Stubbs, 1983)(Levinson, 1983)(Schourup, 1985), 송병학, 1985/1987/1988)', '담화접속어(discourse connectives)-(Blakemore, 1987)', '담화 대용 표지-(신현숙, 1989/1990)', '담화 표지어-(이한규, 1996/1997/1999)', '화용 표지(pragmatic marker)-(Redeker, 1990)(Brinton, 1996)(이정애, 1998)', '간투사(interjections)-(Ameka, 1992)(Kryk, 1992)(신지연, 1988/2001)(오승신, 1997)', '담화 표지(discourse marker)-(Schiffrin, 1987)(Jucker, 1993)(Fraser, 1999)(안주호, 1992)(이해영, 1994)(김선희, 1994)(임규홍, 1994/1995/1996/1998)(김향화, 2001)(전영옥, 2002) 등 매우 복잡하다.

□ 운율적 측면

억양 단위의 시작, 중간 및 끝에 실현된다. 이외에 악센트, 길이 및 휴지와도 관련된다.

□ 형태적 측면

ㄱ. 다양한 언어 형식(감단사, 부사, 의문사, 관형사 등 이휘와 구절 표현)으로 나타나며, 축약형, 변이형과 조합형[4]을 취할 수 있다.

ㄴ. 고정성이 높다. 즉 조사가 붙지 않고 제한적인 어미 활용만 나타난다.

□ 통사적 측면

문장의 다른 성분과 문법적 관계를 갖지 않고 독립적으로 존재하여 그 사용이 임의성을 띤다. 단, 독립성(또는 생략가능성)의 정도에 차이가 있다.

□ 의미적 측면

어휘의 명제적 의미에서 변이되어 기존 어휘의 확장된 쓰임으로 파악된다. 의미 변이는 곧 원래의 어휘 의미가 거의 상실되거나 약화되는 것을 가리킨다.

□ 담화적 측면

담화에서 독특하고도 다양한 기능을 수행한다.

2.3. 담화 표지의 식별

담화 표지 중에는 본디 담화 표지와 문법화를 거쳐 담화 표지로 기능하는 것도 있다. 전자에 해당되는 것으로 대부분의 감탄사, 일부 부사어 및 지시어, 운소 등이 있고 후자에 해당되는 대부분은 원래 어휘적 의미를 가진 내용어가 문법화[5]에 의해 담화 표지로 전성되는 것이다(김태엽,

---

4) 조합형이라는 것은 두 개 또는 두 개 이상의 담화 표지가 결합되어 복합 형식으로 사용되는 경우를 말한다. '글쎄 말이야', '있잖아, 그…' 등이 이에 해당된 예들이다.

2002:2). 필자는 이러한 변화를 '담화 표지화'라고 명명하고자 한다. 즉 구어체에서 일부 어휘 또는 구절 표현의 어휘적 의미가 부분적으로, 심지어 거의 전부 상실하면서 단계적으로 담화적 기능어로 변신하는 일종의 문법화 현상이다. 원어민과 근접한 구어 표현력을 갖고자 하는 한국어 학습자들이 한국어 능력이 점차 제고됨에 따라 이와 같은 화용적 지식을 얻고자 하는 욕망이 생기기 마련이다. 그래서 학습자들이 선행 학습한 어휘적인 측면에서의 지식으로만 그 용법을 파악하기가 거의 불가능하기 때문에 한국어 교육의 견지에서 볼 때 이에 대한 지도가 매우 필요하다고 생각된다.

본 연구에서는 본디 담화 표지와 전성 담화 표지를 모두 다루기에는 한계가 있어 그 범위를 제한하고자 한다. 연구 대상으로 선정할 담화 표지들이 바로 위와 같은 담화 표지화 과정 중에 있는 것들이나 이미 담화 표지화가 완료된 것들이다.

따라서 담화 표지인지 아닌지를 식별하는 기준이 요구된다. 본고에서는 앞 절에서 기술했던 여섯 가지 특징과 연관시켜 식별 기준에 접근하고자 한다. 여섯 가지 특징을 하나로 묶어 담화 표지를 판단하는 필요충분조건으로 적극적으로 활용할 것이다. 이때 문법화 과정 중에 있는 담화 표지나 문법화된 담화 표지 여부를 판단할 때 운율, 형태 측면을 살피는 것보다는 '통사적 특징', '의미적 특징', '담화적 특징'을 따지는 것이 필수적이다. 어떤 어휘가 삭제되더라도 명제 내용에 영향을 미치지 않

---

5) 문법화란 한 형태가 어휘적인 층위에서 문법적인 층위로의 변화(Hopper & Traugott, 1993:25)라고 규정되었는데 최근 들어 그 적용 범위가 확장되어 나가고 있다.

고, 원래의 명제적 의미가 약화되거나 상실되어 맥락에 따라 특수한 화용 기능이 새로 부각된다면 담화 표지로 볼 수 있다. 따라서 이와 같은 담화 표지의 유표성을 위주로 고려하여 이 세 가지를 핵심적인 식별 기준으로 설정하고자 한다.

〈표 1〉 담화 표지의 핵심적 식별 기준

통사적	통사적으로 독립성을 지니고 있어 사용이 임의적이다.
의미적	원래 어휘의 명제적 의미가 거의 상실되거나 약화되어 부분적으로만 유지된다.
담화적	담화에서 일정한 기능을 수행한다.

3 담화 표지 교육 내용의 선정

본고는 중국인을 위한 한국어 교육에서 다루어져야 할 담화 표지의 교육 목록 구성에 주된 목적을 두고 있다. 이를 위해 필자는 이 장에서 순수 기술언어학적인 측면에서 논의되었던 담화 표지의 구체적 항목들을 먼저 추출한 다음,[6] 중국인 학습자를 위한 한국어 교육의 실제성을

---

6) 현재 한국어 교육에서는 대체로 기존 연구 자료에서 다루어진 항목들을 목록화하고, 그 목록을 다시 일정한 기준으로 정비하여 선택, 추가, 재배열하는 방식으로 교육 항목을 선정하였는데 실험적인 자료가 결여된 연구자의 직관과 교사의 교육 경험에 기초한 이러한 선정 방식은 이상적이지는 못하지만, 표준화된 교육 항목 선정 작업이 아직 이루어지지 않은 상황에서 현실적인 방법이기도 하다 (엄녀, 2010:30 참조). 한국어 담화 표지 관련 연구는 연구사적인 측면에서 볼 때는 국어교육에 비해 그 역사가 짧으며, 국어교육과의 상관성에 입각해 살펴볼

염두에 두어 일정한 기준을 세워서 교육 내용을 선정해 보고자 한다.

3.1. 기존 연구의 항목 추출

본 절에서는 기존 연구 논문에서 담화 표지로 인정되어 논의되었던 항목들을 먼저 제시하고 앞서 제시한 식별 기준에 근거하여 이들이 담화 표지로서의 타당성을 고찰한 후 담화 표지의 목록을 추출할 것이다. 여기서 참고로 하는 연구로는 문법화 이론과 관련시켜 담화 표지를 고찰한 이정애(1998), 김향화(2001), 김태엽(2002) 등이다.

이정애(1998)에서는 문법화를 담화 표지의 발달을 파악할 수 있는 설명 장치로 전제하며 구어체 담화에서 실현되는 담화 표지 '가지고', '로', '요', '말이야', '이제', '이, 그, 저', '그냥', '뭐' 등에 대해서 면밀히 분석하였다. 그중 의존적으로 쓰이는 담화 표지는 '로'와 '요[7]는 담화상에서 다양한 화용 기능을 수행하는 것이 사실이지만 문법형태소로서 실질적인 어휘적 의미를 가지고 있지 않기 때문에 의미 변화가 일어나지 않는다. 따라서 앞서 〈표 1〉에서 제시되는 두 번째 기준에 부합하지 않은 것으로 목록에서 제외시키고자 한다.

김향화(2001)에서는 의미변화 여부, 기능전이 여부, 수의성 여부 이

때는 국어학 연구자에 의해 제기된 '담화 표지가 문법 범주에 속해 있다는 전통적인 관점으로부터 기능 범주에 포함되어야 한다'는 주장의 영향 아래 한국어 교육에서도 이 분야가 새로운 연구 대상으로 자리 잡게 되었는데, 상당한 부분이 국어학계의 연구를 토대로 하는 것이 자연스러운 일이다.

7) 김태엽(2000)에서 이에 대해서 논한 바가 있으며, '요', '로', '에' 등을 기능어로부터 전성되는 담화 표지라고 분류하고 있다. 반면에 실제적 어휘 의미를 가지고 있는 '뭐', '이제', '그냥' 등을 내용어로부터 전성되는 담화 표지로 보고 있다.

세 가지를 담화 표지의 판단 기준으로 설정하고 이에 따라 선정된 담화 표지는 감탄사에서 전성된 것으로 '자, 글쎄, 거시기' 등이 있고 대명사에서 전성된 것으로 '저, 어디, 왜, 뭐' 등이 있으며, 부사에서 전성된 것으로 '참, 가만, 아니' 등, 관형사에서 전성된 것으로 '무슨' 등이 있다고 논의한 바가 있다. 이 연구에서는 '가지고'는 문장의 필수성을 가진 요소로서 수의성을 지니지 못한 원인으로 '가지고'를 담화 표지로 볼 수 없음을 주장하고 있어 이정애(1998)와 반대된 입장을 취하고 있다. '가지고'를 담화 표지로 봐야 되는지는 아직까지도 논쟁의 여지가 많다. 본 연구의 후속 논의 중 (15)~(18)의 예문을 통해 '가지고'는 의미 변화의 기능 전이 모두가 일어난다는 사실을 확인할 수 있다. 그럼 통사적으로 생략이 가능한지를 살펴보자.

(9) 시간도 없어 가지고 누굴 만나겠다구? (○)
(10) 시간도 없어   Φ   누굴 만나겠다고? (×)   (김향화, 2001:6)

김향화(2001)에서는 위의 예문에 나타나는 '가지고'를 담화 표지로 인정할 수 없다는 근거로 생략되면 원래의 문장이 불완전해지기 때문에 문장의 필수적인 성분이라고 하였다. 그러나 예문(10)의 경우에 '-아/어 가지고'가 삭제되는 자리를 '-ㄴ/는데'로 메우면 여전히 본래의 의미를 유지하는 자연스러운 문장이 될 수 있다. '가지고'는 통사적으로 선행 성분에 의존하는 정도가 상대적으로 높기 때문에 통째로 생략하면 안 된다는 점에서 기타 비의존적 담화 표지보다 수의성이 떨어지는 것이 사실이다. 그러나 '가지고'는 기타 담화 표지와 마찬가지로 화자에 의해서 선택적으로 사용될 수 있으므로 일정한 정도의 수의성을 지니고 있음을 감안해야 할 필요가 있다. 따라서 본고는 '가지고'를 담화 표지로 인정하기로 한다.

김태엽(2002)에서는 문법화에 의해 형성된 담화 표지를 명사(어머님, 아버님, 선생님 등), 대명사(어디, 뭐, 저, 거시기 등), 관형사(무슨, 웬), 부사(가만, 참, 아니 등), 명사구(뭘, 어디요), 동사구(말이야, 뭐야, 있잖아 등)로 나누어서 제시하였다. 기타 연구와 크게 구별되는 부분은 명사류의 담화 표지를 포함시킨다는 점이다. 문장 '어머니, 제가 가겠습니다 어머님.'에서는 문미에 나타난 '어머님'은 문두의 부름말 '어머님'과 달리 청자와의 심리적 거리를 좁히는 기능을 하기 때문에 담화 표지로 바뀌는 것이라고 설명하였다. 본고에서도 '어머님'은 통사적으로 생략이 가능하고 의미가 약화되며 새로운 담화적 기능을 수행하게 된다는 점에 의거하여 보면 문법화 과정을 거친 담화 표지로 보는 것이 타당하다고 주장한다.

이로써, 앞선 연구를 재검토하면서 담화 표지 식별 기준에 의하여 추출한 목록은 다음과 같다.

　　□ 어휘
　　　명사: 어머님, 아버님, 선생님
　　　대명사: 거시기, 저기, 어디, 뭐
　　　관형사: 이, 그, 저, 무슨, 웬
　　　감탄사8): 자, 글쎄, 네/예, 그래

---

8) 한국어의 대부분 감탄사(예: 아, 어, 음, 응, 와, 오, 아이고 등)는 화자의 감정을 표시하는 것으로 담화상에서도 여러 화용 기능을 담당하고 있으므로 많은 연구

부사9): 가만, 참, 아니, 이제, 그냥, 막

□ 구절 표현
뭘, 뭐냐/뭐냐면, 왜냐면/왜 그러냐면
있시, 있잖아(요)
말이야/말이에요/말이지/말입니다…
저기요, 그러게(요)
그래가지고, 이래가지고, -아/어가지고

3.2. 교육 내용 선정

한국어 교육에서 학습 항목을 선정하는 기준으로 보통 사용 빈도, 난이도, 일반화 가능성, 학습자의 기대(김유정, 1998:30), 기능 및 그 기능을 달성하기 위한 과제(이해영, 1998:419) 등이 논의되었다. 방성원(2004: 104)에서는 문법화 형태의 특성을 고려하여 실용성,10) 원형성, 대표성 및 균형성을 학습 항목을 결정하는 중요한 기준으로 삼았다. 본 연구에서는 모든 담화 표지가 문법화 과정을 거친 결과라는 전제 아래 후자의

에서 이를 담화 표지로 다루었다. 이외에도 의지감탄사가 있는데, 이것이 발화 현장에서 상대방을 의식하며 자기의 의지를 표시하는 것들이다(고영근·구본관, 2008:137). 본 연구에서는 문법화 과정을 겪는 담화 표지를 주로 고찰하기 때문에 일부 의지 감탄사를 연구 대상에 포함시키게 되었다.

9) 선행 연구를 통해 밝혀진 접속 부사들의 주요한 기능이 담화 맥락에서 주로 화제와 화제를 결속해 주는 연결 기능이다. 이는 접속 부사의 원래 의미 그대로 쓰는 경우이기 때문에 앞서 제시한 식별 기준이 맞지 않다고 판단되어 대부분 접속 부사를 연구 대상에서 제외시키기로 하였다.

10) 방성원(2004)에서의 실용성 기준은 학습자가 학습한 이후 실제로 사용할 가능성과 관련된 것으로서, 해당 항목의 사용 빈도와 사용 장면이 전형적인가, 분명한 의미나 기능을 가지고 있는가 하는 문제와 연관이 있다고 구체적으로 설명하였다.

논의 중 '실용성'과 '원형성'을 부분적으로 참고하면서 담화 표지가 지니는 특수성과 중국인 학습자의 지향성을 함께 고려하여 선정 기준을 정하고자 한다.

3.2.1. 선정 기준 1: 실용성(사용 빈도, 활용도)

한국어 교육 내용으로서의 담화 표지를 선정하는 데 실용성을 핵심 기준으로 삼는다. 이때 두 가지 측면에서 실용성을 측정하는데, 우선 첫 번째 하위 기준이 바로 수많은 논의에 의해 제기된 사용 빈도이다. 즉 모국어 화자가 빈번히 사용하는 담화 표지를 우선적으로 선정해야 한다는 것이다. 여기서 모국어 화자의 사용 빈도를 조사하기 위해 21세기 세종계획 한국어 원어민 화자의 구어 원시 자료 중 일상대화 말뭉치 자료(총 427,433어절)를 활용하고자 한다. 이 자료는 주로 젊은 대학생들 간에 이루어지는 대화를 전사한 것인데 인위적인 조작 없는 진정한 자연 발화 내용이다. 대화 주제(예: 가족, 사랑, 관광, 교육, 강의, 방학, 식생활, 운전면허, 정치와 경제, 운동과 건강, 병역, 영화 등)가 굉장히 다양하고 대부분의 대화 참여자가 모두 재학 중인 20대, 30대 대학생들이다. 본 연구가 주목하는 중국인 학습자들도 대학교나 언어 교육 기관에서 한국어를 배우는 대학생과 대학원생들이다. 따라서 비슷한 연령대의 원어민 대화에서 자주 나타나는 담화 표지가 매우 높은 참고 가치를 지니고 있다.

〈표 2〉 세종 구어 말뭉치에서 각 담화 표지의 출현 빈도

목록	총 출현 빈도	담화 표지로서의 출현 빈도
어머님	7	0
아버님	12	0
신생님	444	0
거시기	1	1
저기	252	98
어디	530	51
뭐	5,597	4,323
이	32,955	153
그	30,007	2,110
저	783	227
무슨	606	368
웬	27	7
자	586	251
글쎄	59	59
네/예	2,405	1,889
그래(요)	893	838
가만	30	1
참	359	90
아니	3,980	1,267
이제	884	81
그냥	1,395	568
막	3,022	1,355
뭘	262	11
있지	299	8
있잖아[11)	656	17
말이야	231	210
뭐냐/뭐냐면	115	
그래가지고[12)	501	
이래가지고	31	
-아/어가지고	1,663	

저기요	8
왜냐(하)면	168
그러게(요)	38

　21세기 세종계획의 일상대화 말뭉치에서 비교적 높은 빈도로 출현하는 담화 표지를 교육 내용으로 선정하고 저빈도[13]로 사용되는 것들을 제외시킬 것이다. 여기에서, '어머님', '아버님', '선생님'은 총 출현 빈도가 각각 7회, 12회, 444회이지만 전부 순수한 어휘로 쓰이므로 담화 표지로서의 사용 횟수가 0번이다. 이것은 대화 참여자가 전부 다 대학생들로 구성되어 있어 이들 어휘가 지칭하는 사람이 대화 현장에 없으므로 담화 표지로서의 용법이 쓰이는 맥락 자체가 부재하다는 점 때문이라고 해석된다. 대명사 '거시기'의 빈도는 1회밖에 안 된다. '거시기'는 서상규(2013:125)에서 정선한 한국어 기본 어휘 목록에도 수록되어 있지 않고 대부분 한국어 교재에도 실려 있지 않다. 이외에도 '가만'은 총 30번 사용되는데 담화 표지로서 1번만 출현한다. 이는 담화 표지 '가만'의 기능은 상대방의 발화를 중단시키고 자기에게 주의를 집중시키는 것뿐이고 이와 비슷한 기능을 수행할 수 있는 담화 표지가 다수 존재하여 '가만'이

---

11) 담화 표지 '있잖아'는 분석된 세종계획 구어 원시 말뭉치 자료 6CM00094와 6CM00064에서 '저기잖아'와 같은 복합 구성으로 2회 사용되었다.
12) '그래가지고', '이래가지고', '-아/어가지고'의 빈도수를 통계할 때 구어체에 자주 쓰이는 형태 '그래가지구', '그래갖구', '이래가지구', '이래갖구', '-아/어가지구', '-아/어갖구'의 빈도도 함께 계산하였다.
13) 21세기 세종계획의 원어민 대화가 일어나는 장소는 대학교에 국한되어 있고 대화 참여자도 대부분 젊은 학생이기 때문에 자료의 다양성을 지니지 못하여 담화 표지 사용의 전체적 양상을 보여주지 못한다는 한계를 지니고 있다. 그리고 구어 연구에 있어서 양적으로도 불충분하다는 점을 감안하여 저빈도의 측정 기준을 담화 표지로서의 출현 횟수 5회 미만으로 한정한다.

선택되는 확률이 낮아지기 때문일 것이다. 이상의 원인으로 담화 표지 '거시기'와 '가만'은 한국어 교육에서 실제성이 많이 결여된 항목으로 배제하는 것이 더 바람직하다.

담화 표지가 형태적으로 고도의 고정성을 지니고 있고 단일한 형태를 통해 다양한 의미와 기능을 실현한다는 특징이 두드러지기 때문에 두 번째 하위 기준을 의미와 기능의 활용도로 정하기로 한다. 기본적인 명제적 의미에서 벗어나 담화 맥락에서 특수한 용법을 생성하여 분명한 화용 기능으로 사용되면 학습 대상으로 다루어져야 된다는 것이다. 예를 들면, '아니'와 같은 경우에 '아니 먹다', '아니 슬프다' 등과 같이 용언 앞에 쓰여서 부정이나 반대의 뜻을 나타내는 것이 기본적 용법이다. 그러나 구어체에서 '아니'의 쓰임은 여기에만 국한되지 않고 담화 차원에서 확장된 의미로 사용되는 경우도 매우 흔하다.

(11) 철수: 다음 달 나 발표 있는데 지금부터 준비해야겠다.
　　　영희: 아니, 이렇게 일찍?
(12) 준호: 나 우럭 좋아하잖아, 그래서 어느 날 친구랑 같이 우럭 먹으
　　　　　러 갔는데….
　　　나미: 나도 우럭 좋아해, 근데 좀 비싸거든….
　　　준호: 아니, 내 말 들어 봐.
(13) 이 세상 사람들은, 아니, 대부분 사람들은 돈만 보고 살아.
(14) 난 그거 못해. 아니, 죽어도 못해!

(11)은 '아니'의 응답 시의 담화 표지로서의 기능을 말해주고 있는데 철수가 한 달 후에야 발표하는데 아주 일찍 준비에 들어간다는 말에 영희가 '아니'를 사용하여 이에 대한 놀라움을 표현하고 있다. (12)에 나타

난 '아니'는 준호가 자기의 발언권을 유지하기 위해 동원하는 전략인데 상대방이 끼어들지 않게 하여 자기가 곧 할 발화 내용에 집중시키는 주요한 역할을 수행하고 있다. (11)과 (12)에서 '아니'는 화자와 청자 간의 상호작용에 주목하는 기능을 주로 담당한다면 (13)과 (14)에서는 화자와 화제 결속 기능에 더 주력하고 있다. (13)에서는 화자가 '아니'를 통하여 전에 했던 발화를 스스로 수정하였고 (14)의 경우에 화자는 '아니'를 사용하여 그 일을 절대로 못하겠다는 의사를 매우 강하게 전달한다.

위와 같이 '아니'가 새로운 맥락에 사용되어 본래의 기본 의미와 다르게 쓰이므로 담화 표지화가 진행되는 것과 연관된다. 이처럼 담화 표지화를 겪고 있거나 이미 담화 표지화된 항목들이 의미적으로나 기능적으로 매우 활용도가 높으므로 교육 내용으로 다루어져야 한다.

3.2.2. 선정 기준 2: 예상되는 사용 시의 어려움

연구자나 교사나 학습자들의 성공적인 담화 표지 습득을 위해 온갖 노력을 해왔다. 특히 담화 표지는 형식적으로 일반 문법 항목과 어휘와 다름없지만 실제 화용 기능이 상당히 복잡하여 한국어 학습자들에게 많은 어려움을 가져온다. 담화 표지가 화자의 발화 의도와 심리적 태도를 제대로 전달할 수 있는 효과적인 언어 수단이기 때문에 이에 대한 지도가 필요하다고 앞서 강조한 바가 있다. 무엇보다 원어민다운 말하기 능력을 갖고자 하는 중·고급 학습자들은 담화 표지의 화용적 의미와 기능을 익혀서 원활하게 대화하고자 하는 욕구를 가지고 있다. 한국어 교육의 목적이 의사소통 능력의 향상이라고 볼 때 담화 표지의 다양한 기능을 학습자들에게 제시해 주는 것은 필수적이다.

담화 표지가 담화 표지화의 정도성 차이로 말미암아 학습자들에게 주는 어려움의 정도도 다르기 십상이다. 이때 원형 관련성이라는 개념을 도입할 수 있는데, 담화 표지화가 덜 될수록 그 네포 의미가 원형적인 것과 공유하는 부분이 많아지고 이에 따라 학습자들에게 더 익숙하게 느껴지고 난이도도 떨어진다. 반대로 담화 표지화가 진행될수록 의미 변이의 정도가 커져서 원형과의 관련성이 낮아져 난이도도 저절로 높아진다(방성원, 2004:107 참조). '가지고'를 예로 들면서 원형성에 따른 학습 난이도를 살펴보자.

> (15) 가: 이 인형 좋아해?
> 　　 나: 응, 정말 귀여워.
> 　　 가: 그럼 네가 가져.
> (16) 비가 와요. 우산 가지고 가요.

위의 예문에서 '가지다'는 사전적 의미를 그대로 쓰고 있는데 (15)에서는 어떤 물건을 자기 것으로 만든다는 '소유'의 의미를 나타내고 (16)은 우산을 소유하는 것보다 수반의 뜻이 더 강하게 드러난다. 이는 '가지다'의 기본 용법인데 학습자들은 일반 어휘로 이해하고 사용하면 되기 때문에 그리 어려워하지 않는다. 그러나 앞에 동사나 형용사와 같은 성분이 출현하여 '가지고'와 결합하여 '-아/어 가지고'의 구성으로 쓰이면 '가지고'는 단계적으로 문법화를 겪게 된다.

> 17) 서점에서 책을 잔뜩 사 가지고 왔다.

맛있는 김밥을 해 <u>가지고</u> 회사로 갔다.

18) ㄱ. 아까 밥을 많이 먹어 <u>가지고</u> 아직도 배불러.

　　ㄴ. 그렇게 놀아 <u>가지고</u> 시험에 붙겠니?

　　ㄷ. 선물 받은 꽃이 하도 예뻐 <u>가지고</u> 사진 많이 찍어놨어.

우선 (17)과 (18)에서 '가지다'는 기본 의미로 쓰이지 않고 있다. (17)의 경우에 '가지고'는 '사다', '하다'와 같은 실제적으로 일어나는 구체적인 동작을 나타내는 타동사 뒤에 쓰여 '연속동사 구성'(이정애, 1998:54)을 이루어 그 행위의 결과나 상태가 계속적으로 유지됨을 강하게 표현한다. 이때 앞에서 목적어를 취하여 '수반' 의미를 보유하고 있으나 '사다'와 '하다'에 부속되어 있다는 점에 의거하여 볼 때 보조동사로 변하면서 기본 의미가 이미 약화되어 선후로 일어나는 사건을 계기적으로 연결시켜주는 담화 기능(손혜옥, 2012:214)을 가지게 되었음을 확인할 수 있다. 한편, (15)와 (16)에서의 불가결한 존재와 달리 여기서 '-아/어 가지고'는 필수적으로 사용해야 하는 것이 아니고 이와 비슷한 의미와 기능을 지니는 연결어미 '-아/어', '-아/어서' 등으로의 대체가 가능해진다. 이처럼 의미가 부분적으로 상실하고 우언적 구성으로서 선택적으로 사용되는 것은 '가지고'가 문법화를 겪기 시작한 첫 발걸음이다.

계속해서 (18)을 살펴보면 '가지고'의 구성이 타동사(18ㄱ) 이외에 자동사(18ㄴ), 형용사 뒤(18ㄷ)에도 나타나기 시작하여 훨씬 다양한 담화 맥락에서의 사용이 허용되며 본래의 동사로서의 뜻을 거의 확인할 수 없을 정도로 원형적 의미와의 거리가 더 멀어졌음을 쉽게 알 수 있다. 그리고 이때 선행절과 후행절을 연결해 주는 인과적 담화 결속 기능을 하고 있고 생략도 가능하다. 정리하자면, 여기서 '가지고'는 고유의 의미를 거의 상실하였고 통사적인 제한을 받지 않으며 명백한 기능을 수행하고 있으므로 문법화가 한층 더 진행되고 원형 관련성이 더 떨어진다고 볼 수 있다. 앞의 논의를 바탕으로 담화 표지로서의 '가지고'는 담화 표지화(또는 문법화)의 정도, 즉 원형과 관련된 정도에 따라 학습 난이도를 (17)〈(18ㄱ)〈(18ㄴ)〈(18ㄷ)로 매길 수 있다.

담화 표지 습득의 어려움을 초래할 수 있는 또 다른 요소는 바로 모국어와의 차이점이다. 한·중 담화 표지는 각각 특유한 분포 양상을 보이기 때문에 한국어 담화 표지에 해당하는 중국어 번역이 부재할 때가 아주 많다. 한국어의 일부 담화 표지와 대응되는 중국어 표현이 있는데도 해당 담화 표지의 세부적 화용 기능을 대조 분석하면 1:1로 완전히 대응되지 못하는 경우도 많다. 한국어 담화 표지 '뭐'와 해당 중국어 담화 표지 '什么'를 예로 들어 살펴보자.

(19) ㄱ. 나 다음 주에 미국 가.
ㄴ. <u>뭐</u>? 갑자기 왜? (<u>什么</u>? 怎么这么突然?)

위에 예문은 '뭐'가 독립적인 발화로 쓰일 때 발휘하는 기능 중의 두 가지를 보여주고 있는데 (19ㄴ)에서는 미국에 곧 갈 것이라는 갑작스런 결정에 대한 놀라움을 상승 음조의 '뭐'를 통해 나타내고 있는데 중국어의 해당 표현 什么도 이와 똑같은 기능을 지니고 있어 학습자들이 별로 어렵게 느끼지 않을 것이라 예상된다.

(20) ㄱ. 중국에 있을 때 여행 좀 가 봤어?

　　ㄴ. 여행 많이 다녔지, 뭐 북경, 천진, 뭐 상해, 중경…

　　　(去了不少地方呢, <u>什么</u>北京啊天津啊, <u>什么</u>上海重庆啊…)

(21) ㄱ. 주말에 뭐 해?

　　ㄴ. 발표 준비하지 뭐. (准备发表啊.)

　담화 표지 '뭐'가 발화의 일부분으로 한 문장 안에 사용되는 양상을 보면, (20)에서는 몇 개의 도시를 열거하는 기능을 하고 (21)에서는 '뭐'를 통해 화자의 발화 내용을 매우 강조하는 태도를 드러낸다. 번역문을 보면, 전자의 용법에 대응된 중국어 什么가 같은 기능을 하기 때문에 한국어와 차이가 없으나 내용 강조 기능은 중국어에 부재하므로 중국인 학습자들에게 매우 생소하다. 따라서 한국어 교육용 담화 표지 '뭐'의 강조 기능을 반드시 교육 내용에 포함시켜 더 관심을 가지면서 가르쳐야 한다.

　그럼 위와 같은 기준에 근거하여 한국어 교육용 담화 표지의 목록과 기능을 선정하여야 한다. 이때 선정된 내용을 제시하는 방법에 대한 소개가 선행되어야 한다. 앞서 3.1절에서 담화 표지의 구체적 실현 형식을 형태별로 범주화하여 제시한 바가 있다. 본고는 담화 표지에 대한 한국어 학습자의 이해를 기반으로 하여 의사소통 상황에서 자연스럽고 적절하게 사용하는 것을 지향하는 연구인 만큼 이러한 능력의 제고와 밀접하게 관계되는 담화 기능을 학습자에게 명백하게 제공해 주는 것이 더 효과적이라 판단된다. 따라서 담화 표지의 제시는 기능별로 하는 것을 원칙으로 하기로 하였다.

　담화 표지의 기능 분류는 Schiffrin(1987), 전영옥(2002) 등에서는 담화 결속성에 기점(基點)을 두고 그 구성 성분과 분류 모델을 제시하였다.

<표 3> 담화 결속 기능 관련 구성 성분 및 분류

Schiffrin(1987)[14]	전영옥(2002)
말교환 구조	화자와 청자의 결속
참여자 틀	
행위 구조	화자와 화제의 결속
개념 구조	화제와 화제의 결속
정보 상태(인지 관련)	

　　본고에서는 이상의 두 분류 체계의 공통점을 따르되, 담화 표지 교육의 편의성을 위해 학습자들이 실제 대화에서 그때그때 맡는 역할에 따라 '화자'와 '청자'로 나누어 분석 틀에 맞춰서 재설정하였다. 그리고 중국인 학습자의 효과적 습득을 위한 목적 아래 각 기능에 해당되는 구체적인 한국어 담화 표지 항목과 함께 대응되는 중국어 표현도 병기하여 제시해 보고자 한다. 여기서 추출된 한국어 교육용 담화 표지 중 '아니'(예문 (11)~(14) 참조)를 예로 들어 구체적 제시 방법을 간략하게 설명하면 다음과 같다.

　　우선 앞서 논의했듯이 예문 (11)과 (12) 모두에서 담화 표지 '아니'는 말차례가 교환하는 동시에 사용되는 것으로 화자와 청자 간의 결속 기능을 담당하고 있다. 단, (11)에서는 청자의 역할을 주로 하면서 응답 발화에서 '아니'를 사용함으로써 선행 발화 내용에 대한 놀라움을 표시하는 것이고 (12)에서는 화자의 역할이 계속 수행되기 위해서 말차례를 유지

---

14) Schiffrin(1987)의 담화 결속성에 기여하는 구성 요소의 제시는 이원표(2001)의 해당 설명을 재인용하였음.

하려는 의도를 나타낸다. 이와 달리, (13)과 (14)의 경우 발화 순서의 교체 없이 화자가 자기 발화의 일부분으로 '아니'를 사용함으로써 발화 내용에 대한 수정이나 강조 기능을 하고 있다. 이때 '아니'는 화자와 화제의 결속 기능에 분류시키는 것이 타당하다. 또한, '아니'와 대응되는 중국어 담화 표지는 '不(是)'인데 네 개의 예문 중 (11)과 (13)만 완벽한 일치를 보이고 있다. (12)의 '아니'를 굳이 중국어로 실현시키지 않아도 되고, 만약 자연스럽게 표현하려면 '不(是)' 대신 어기조사나 기타 구절 표현을 동원할 수 있다. (14)의 '아니'는 해당 중국어 표현이 전혀 없기 때문에 '不(是)'로 번역하면 오히려 어색해진다. 이렇게 해서 담화 표지 '아니'에 관한 분류 결과는 다음 〈표 4〉와 같다.

〈표 4〉 담화 표지 '아니'의 기능 및 중국어와의 대응

주역할	기능		실례
화자	화자와 화제 결속	자기 수정하기	아니(不/不是/不对)
		주장 강조하기	아니(*15))
	청자와의 결속	주의 집중	아니(*/呃/听我说)
청자	화자와의 결속	적극적 호응 : 놀람/감탄 표시	아니(不是吧)

이상의 절차대로 최종적으로 추출된 담화 표지 기능과 해당 항목을 다음과 같이 제시한다.

---

15) *로 표시되면 해당 중국어 표현이 부재하거나 번역할 필요가 없는 것이다.

<표 5> 중국인 학습자를 위한 한국어 교육용 담화 표지

주역할	기능			실례
화자	화제와 화제 결속	화제 개시		자(*/好)
		화제 전개	순접 : 순차, 인과 등	그래가지고(*/就那样/然后…), 이래가지고(*/就这样/然后…), -아/어가지고(*/然后), 이제(现在), 그냥(就/就那么)
		화제 전환		그래(好/那…)
		화제 마무리		네(*)
	화자와 화제 결속	시간 벌기		이/그/저(这个,那个), 어디(那个/呃…), 뭐(什么), 뭐냐/뭐냐면(是什么呢), 이제(现在/现在呢/现如今/现如今呢), 무슨(什么), 예/네(哦/呃/嗯…), 그래가지고(*/就那样/然后…), 이래가지고(*/就这样/然后…), -아/어가지고, 글쎄(呃…), 그냥(*/就…), 저기(那个/那什么)
		자기 수정하기		아니(不/不是 / 不对)
		주장 강조하기		뭐(야)(*), 말이야(*), 아니(*)
		주장 약화하기		뭐(*), 글쎄(*)
		얼버무리기		뭐(什么), 그냥(就…)
		부정적 태도 표현하기/불만		뭐(*), 막(*), 어디(*/哪儿/哪里), 무슨(*)
	청자와의 결속 (상호작용)	주의 집중		자(好), 참(对了), 말이야(*), 뭐냐/뭐냐면(*/), 있지/있잖아(对了/不是…嘛), 아니(*/呃/听我说), 그냥(*), 저기요(*/那个/不好意思, 那个…)
		정중하게 말하기 /완화 표지		저(*/那个), 저기(*/那个), 저기요(*/那个/不好意思, 那个…)
청자	화자와의 결속 (상호작용)	호응 하기	적극적 호응	공감/동조/수긍 : 그러게(是啊、也是啊), 글쎄(嗯、也是、也是啊), 그래(嗯/好的)
				놀람/감탄 : 말이야?(*/你是说…?), 아니(不是吧), 뭐?(什么?), 그래?(是吗?), 네/예?(啊?), 웬(*), 참(*/哇/真是…)
				확인 : 말이야?(说的是…吗?)
				부정 : 어디(요)(哪儿啊/哪儿有/哪里有啊/哪里哪里/没有啊), 뭘(요)(不用/不是/不是不是/没有), 글쎄(*/没有吧/好像不是吧…), 그냥(*/就是…)

				듣고 있다는 표시	네(嗯/是/对/是的),　그래(嗯/是/ 对/是的)
				정보 요청	네/예?(是吗?), 그래?(是吗?)
				관심표시	어디(哪儿、哪儿呢)
			응답 회피		글쎄(*/呃…), 그러게(是啊/那倒是…)

4 결론

　한국어는 구어와 문어의 차이가 극명하고 화용적 특징이 매우 두드러지게 나타나는 언어 중의 하나이다. 구어체에 빈번히 사용되는 담화 표지는 원래의 의미에서 벗어나 확장된 의미로 담화 맥락에 다양하게 기능하여 외국인 학습자에게 상당한 어려움을 가져오기 마련이다. 따라서 최근 한국어 교육 분야에서 이들에 주목하여 국어학계의 기존 연구 성과를 바탕으로 다각도로 연구해 왔는데, 장르별로 담화 표지의 사용 양상 연구, 개별 담화 표지의 기능 연구, 한국어 담화 표지와 다른 언어를 대조하는 연구, 한국어 원어민 화자와 학습자의 실제 사용 대조 연구 등이 있다. 그러나 이와 같은 순수한 기술언어학적인 연구가 압도적으로 많고 한국어 교육과 접목시켜 다루는 논문이 극히 적다. 따라서 본 연구는 이러한 공백을 조금이나마 채우기 위해서 중·고급 중국인 한국어 학습자를 위한 담화 표지 교육 내용을 한 번 선정해 보고자 하는 목적 아래 시도되었다. 담화 표지가 아직 기타 중요한 언어 요소만큼 한국어 교육에서의 위상이 높지 않지만 학습자의 고도로 숙련된 말하기 기법을 숙지시키는 데 있어 매우 중요하다고 볼 수 있기 때문에 교육 내용 선정 작업이 향후 담화 표지를 활용한 말하기 교육과 교육 자료 개발에 기여하는 바가 있으리라 기대한다. 또한 교육용 담화 표지의 난이도를 측정하려면 본문에 제시하는 두 가지 측면 이외에도 중국인 학습자들이 실제로 담화 표지를 사용하는 양상에 대한 분석도 함께 제시되어야 한다. 필자는 관련 후속 연구에서 이 점을 보완할 것을 약속드린다.

참고문헌

강소영(2005), 「구어 담화에서의 '그래 가지고'의 의미」, 『한국어 의미학』 16, 한국어의미학회, 1~21쪽.

구종남(1999), 「담화 표지 '어디'에 대하여」, 『언어학』 7-3, 대한언어학회, 271~234쪽.

_____(2000), 「담화 표지 '뭐'의 문법화와 담화 기능」, 『국어문학』 35, 국어문학회, 5~32쪽.

김태엽(2002), 「담화 표지되기와 문법화」, 『우리말글』 26, 우리말글학회, 61~80쪽,

김향화(2003), 「한국어 담화 표지에 대한 연구」, 계명대학교 대학원 박사학위논문.

민현식(2008), 「한국어 교육을 위한 문법 기반 언어 기능의 통합 교육과정 구조화 방법론 연구」, 『국어교육연구』 22, 서울대학교 국어교육연구소, 261~334쪽.

민유미(2011), 「모어와 숙달도에 따른 담화 표지 '뭐'의 의미기능 이해」, 이화여자대학교 대학원 석사학위논문.

박석준(2007), 「담화 표지화의 정도성에 대한 논의-'뭐, 어디, 왜'를 중심으로」, 『한말연구』 21, 한말연구학회, 87~106쪽.

박은하(2013), 「한국어 학습자의 언어 사용 양상」, 『한국언어문화학』 10-2, 국제한국언어문화학회, 99~121쪽.

방성원(2004), 「한국어 문법화 형태의 교육 방안: '다고' 관련 형태의 문법 항목 선정과 배열을 중심으로」, 『한국어 교육』 15-1, 국제한국어 교육학회, 93~110쪽.

서방(2010), 「한국어 '좀'과 그에 대응되는 중국어 표현의 대조연구」, 서울시립대학교 대학원 석사학위논문.

서희정(2006), 「한국어 교육에서 부사 '좀'의 담화 기능」, 『高凰論集』 39, 경희대학교 대학원 원우회, 51~66쪽.

_____(2010), 「한국어 교육 항목으로서의 담화 표지 '말이다'에 대한 고찰」, 『이중언어학』 43, 이중언어학회, 217~246쪽.

안정아(2008), 「담화 표지 '막'의 의미와 기능」, 『한국어학』 40, 한국어학회, 251~279쪽.

안주호(2009), 「한국어 교육에서의 담화 표지 위계화 방안」, 『한국어 교육』 20 -3, 국제한국어 교육학회, 135~159쪽.

이기갑(1995), 「한국어의 담화 표지 '이제'」, 『담화와 인지』 1, 담화인지언어학회, 261~287쪽.

이원표(2001), 『담화 분석』, 서울: 한국문화사.

이한규(1996), 「한국어 담화 표지어 '그래'의 의미연구」, 『담화와 인지』 3, 담화인지언어학회, 1~26쪽.

_____(1997), 「한국어 담화 표지어 '왜'」, 『담화와 인지』 4-1, 담화인지언어학회, 1~20쪽.

_____(1999), 「한국어 담화 표지어 '뭐'의 의미」, 『담화와 인지』 6-1, 담화인지언어학회, 137~157쪽.

_____(2008), 「한국어 담화 표지어 '어디'의 화용분석」, 『우리말 글』 44, 우리말글학회, 83~111쪽.

_____(2011), 「한국어 담화 표지어 '예'의 의미」, 『현대문법연구』 65, 현대문법학회, 171~197쪽.

_____(2012), 「한국어 담화 표지어 '아니'의 의미」, 『현대문법연구』 67, 현대문법학회, 145~171쪽.

이해영(1994), 「담화 표지 '글쎄'의 담화기능과 사용의미」, 『이화어문논집』 13, 이화어문학회, 129~150쪽.

임규홍(1995), 「담화 표지 '뭐냐'와 '있지'에 대하여」, 『어문학』 56, 한국어문학회, 51~68쪽.

_____(1996), 「국어 담화 표지 '인자'에 대한 연구」, 『담화와 인지』 2, 담화인지언어학회, 1~20쪽.

_____(1998), 「국어 '말이야'의 의미와 담화적 기능」, 『담화와 인지』 5-2, 담화인지언어학회, 159~179쪽.

전영옥(2002), 「한국어 담화 표지의 특징 연구」, 『화법연구』 4, 한국화법학회, 113~145쪽.

황정민(2008), 「성별 담화 표지어의 사용 양상 비교 연구-중국인 한국어 학습자를 대상으로」, 『한국언어문화학』 5-1, 국제한국언어문화학회, 347~371쪽.

郭锐(2002), 『现代汉语词类研究』, 北京: 商务印书馆.

廖秋忠(1986), 『廖秋忠文集』, 北京: 北京语言学院出版社.

吕叔湘(1956), 『中国文法要略』, 北京: 商务印书馆.

王力(1992), 『中国现代语法』, 上海: 上海书店.

邢福义(1997), 『汉语语法学』, 长春: 东北师范大学出版社.

Brinton, L. J.(1996), *Pragmatic markers in English: grammaticalization and discourse functions*, Berlin: New York.

Brown, G. & Yule, G.(1983), *Discourse analysis*, Cambridge: Cambridge University Press.

Fraser, B.(1999), "What are Discourse Markers?" *Journal of Pragmatic* 31, pp.931~952.

Levinson, S. C.(1983), *Pragmatics*, Cambridge: Cambridge University Press.

Schiffrin, D.(1987), *Discourse markers*, Cambridge: Cambridge University Press.

_____(1994), *Approaches to Discourse*, Cambridge: Blackwell.

Schourup, L.C.(1985), *Common discourse particles in English conversation*, New York/London: Garland Publishing.

Stubbs, M.(1983), *Discourse analysis : the sociolinguistic analysis of natural language*, Cicago: University of Chicago Press ; Oxford, [Oxfordshire] : B. Blackwell.

2. 한국어와 중국 조선어의 맞춤법 규범 비교 연구

 1 서론

우리말[1]은 대한민국, 조선 민주주의인민공화국(북한), 중국 등 다양한 지역에서 사용되고 있다. 한국에서는 서울을 중심으로 표준어를 정하고, 북한은 평양말을 중심어로 삼았으며, 중국 조선족도 민족어를 잃지 않고 발전시켜 왔다.[2]

그런데 같은 뿌리를 지녔지만, 현재 한국어와 중국 조선어는 어휘,

---

1) 본고에서 세계 각국에 살고 있는 한민족의 언어를 총칭하여 우리말이라고 함.
2) 한국에서는 〈표준어 사정 원칙〉 제1항에서 "표준어는 교양 있는 사람들이 두루 쓰는 현대 서울말로 정함을 원칙으로 한다."라고 규정하고 있다. 반면, 북한에 서는 1996년 김일성 교시에 "혁명의 수도이며 요람지인 평양을 중심지로 하고 평양말을 기준으로 하여 언어의 민족적 특징을 보존 발전시킨다."(박선우, 1992: 384)는 것으로 밝히고 있어 평양말을 토대로 하였음을 알 수 있으며 이를 문화 어라고 칭한다.

맞춤법, 문법, 발음 등 여러 면에서 차이가 있기 때문에 중국에서 한국어 (조선어) 교육을 하는 교사, 외국어로서 한국어를 배우는 학생들, 그밖에 한국어(조선어)로 글을 써야 하는 사람들은 혼란을 겪는다. 이에 본고에 서는 한국어와 중국 조선어 맞춤법 규범을 비교히여 그 차이를 살펴봄으 로써 외국어로서 한국어를 가르치고, 배우는 사람들의 혼란을 줄이고, 한국어 교육의 효율성을 높일 수 있는 교육방법을 마련하는 데 초석으로 삼으려 한다.

본고에서는 우선 조선말의 맞춤법상에 존재하는 문제를 간단히 살펴 보고, 한국어 맞춤법 규범과 중국 조선말 맞춤법 규범을 구성, 총칙, 두 음법칙, 사이시옷, 띄어쓰기, 문장부호 등의 측면에서 비교하고자 한다. 마지막으로 이러한 맞춤법 규범의 차이에 근거하여 중국의 한국어(조선 어) 교육현장에서 교사와 학생들이 어떤 노력을 기울여야 하는지 몇 가 지 제안을 하고자 한다.

2 중국에서의 우리말 맞춤법상에 존재하는 문제

한국어와 중국 조선어는 같은 뿌리를 가지고 있지만 맞춤법 규정상의 차이를 드러낸다. 중국 조선어는 한·중 수교 이전까지 북한 문화어의 영향을 많이 받으면서 발전하였다. 그러나 1992년 한·중 수교 이후 두 나라가 정치, 경제, 문화, 사회 등 여러 면에서 교류를 빈번하게 함으로 써 중국 조선족은 한국의 영향을 더 많이 받게 되었고, 조선어도 한국어의 영향을 많이 받고 있다.

중국 조선족과 한국인은 의사소통을 하는 데는 큰 어려움이 없지만 사용하는 어휘나 맞춤법의 차이로 인해 혼란스러움을 겪고 있다. 또한, 중국에서는 중국 조선말 규범에 따른 외래어와 한국어 규범에 따르는 어휘를 혼용하는 현상이 있으며, 중국어의 영향을 많이 받아서 한자어를 많이 쓴다.

한국어와 조선어의 차이로 한국어로 글을 쓰고 표현을 자주 해야만 하는 매체, 교육, 출판 영역에 종사하는 사람들이 이런 문제에 자주 부딪치게 된다. 특히 교육현장은 언어를 가르치고 언어를 재생산하는 현장이기 때문에 정확한 한국어의 사용은 그 무엇보다도 중요한 것이다.

중국에서 이루어지는 한국어(조선어) 교육은 두 가지로 나뉜다. 하나는 중국 조선족들을 대상으로 하는 모국어로서의 조선어교육이고, 다른 하나는 타민족을 대상으로 하는 외국어로서의 한국어 교육이다. 중국 조선족을 대상으로 하는 조선어교육에서는 중국 조선어의 규범을 따르고, 다른 민족들을 대상으로 하는 외국어로서의 한국어 교육에서는 한국어 규범을 따르고 있다.

그런데 현재 중국에서 출판되는 책이나 자료들을 살펴보면, 조선어 규범에 맞춰 쓰인 것도 있고, 한국어 규범에 맞춰 쓰인 것도 있다. 이렇게 중국에는 중국의 조선어 규범과 한국어 규범이 공존하기 때문에 혼란을 겪고 있다. 이런 문제를 해결하기 위해서는 한국어와 중국 조선어의 맞춤법이나 어휘에 어떤 차이가 있는지 명확히 알아야 할 필요가 있다. 본고에서는 그 범위를 한글 맞춤법과 조선말 맞춤법에 한정하여 논의를 진행하려 한다.

3. 한글 맞춤법 규범과 중국 조선말 규범에 대한 비교

1933년 조선어학회에서 발표한 '한글맞춤법통일안'은 당시 각계의 전폭적인 지지를 받아 명실상부 우리말을 대표하는 어문규범으로 인정받고 한국어의 경우 1988년 새로 «한글맞춤법»을 발표하기 전까지 큰 수정 없이 사용되어 왔다.

반면에 중국 조선어는 중국 조선민족과 함께 형성·발전하여 온 언어이다. 중국 조선어는 1977년 이전 시기까지는 자체의 규범을 정하지 않고 북한의 어문규범을 따랐지만, 1977년 '동북3성 조선어문사업협의소조'가 건립되면서부터 자체의 규범을 제정하여 사용하고 있다. 1977년에 나온 『조선말규범집』에 처음으로 중국에서 제정한 «조선말 표준발음법», «조선말 맞춤법», «띄어쓰기», «문장부호법»이 포함되었다. 그 후 1978년에 «조선말 명사, 술어규범화원칙», 1990년에 «외래어 표기법»과 «다듬은 말 처리세칙», 1991년에 «방언어휘 사정원칙» 등의 규범들을 제정하였다.[3] 그러므로 중국 조선어 규범의 공식적인 제정 역사는 1977년 '동북3성 조선어문사업협의소조'에서 펴낸 『조선말 규범집(시용방안)』에서 시작되며, 그 뒤로 1985년의 『조선말 규범집(시용방안)』, 1966년 『조선말 규범집(수정 보충판)』, 2007년 『조선말 규범집』으로 이어진다고 볼 수 있다.[4]

중국 조선어와 한국어에서는 모두 자체의 맞춤법 규범을 제정하여 사

---

3) 김순녀(2011:279~310) 참조.
4) 문은희(2012:8~9) 참조.

용하고 있는데 그 차이가 적지 않다. 중국 조선말 규범과 한국어 맞춤법 규정을 비교하여 그 차이점을 드러냄으로써 중국인 학습자들이 한글 맞춤법을 잘 이해할 수 있도록 돕는 데 이 글의 목적이 있다. 이에 본고에서는 한글 맞춤법 규정과 중국 조선말 규범의 구성 및 총칙, 자모의 수·차례·명칭, 두음법칙, 사이시옷, 띄어쓰기, 문장부호 등을 비교하고자 한다.

3.1. 구성

한글 맞춤법과 조선말 맞춤법의 구성 체계를 비교하여 제시하면 〈표 1〉과 같다.

〈표 1〉 한글 맞춤법과 조선말 맞춤법의 구성

한글 맞춤법	조선말 맞춤법
제1장 총칙	총칙, 자모의 차례와 그 이름
제2장 자모	제2장 한 형태부 적기
제3장 소리에 관한 것	제3장 어간과 토기의 적기
제4장 형태에 관한 것	제4장 합성어의 적기
제5장 띄어쓰기	제5장 접두사와 어근의 적기
제6장 그 밖의 것	제6장 어근과 접미사의 적기
[부록] 문장 부호	제7장 한자어의 적기

〈표 1〉에서 볼 수 있듯이 한국의 '한글 맞춤법'은 제1장 총칙, 제2장 자모, 제3장 소리에 관한 것, 제4장 형태에 관한 것, 제5장 띄어쓰기, 제6장 그 밖의 것, 부록 문장부호로 구성되어 있다. 반면, 중국 '조선말

맞춤법'은 제1장 총칙, 자모의 차례와 그 이름, 제2장 한 형태부의 적기, 제3장 어간과 토기의 적기, 제4장 합성어의 적기, 제5장 접두사와 어근의 적기, 제6장 어근과 접미사의 적기, 제7장 한자어의 적기로 이루어졌다. 두 규정 모두 처음에 '총칙'을 제시하여 맞춤법에 대한 기본적인 원칙을 규정하고 있다는 점에서 공통적이다. 그러나 조선어에서는 '띄어쓰기'와 '문장부호'가 '조선말 맞춤법'에 포함되지 않고, 별도의 체계로 분류5)되고 있는 반면, 한글 맞춤법에서는 '띄어쓰기'와 '문장부호'를 담고 있다는 점에서 가장 큰 차이를 보인다.

3.2. 총칙

한글 맞춤법과 조선말 맞춤법의 총칙을 비교하여 제시하면 〈표 2〉와 같다.

〈표 2〉 한글 맞춤법과 조선말 맞춤법의 총칙

한글 맞춤법	조선말 맞춤법
제1항 한글 맞춤법은 표준어를 소리대로 적되, 어법에 맞도록 함을 원칙으로 한다.	조선말은 단어를 단위로 하여 단어에서 뜻을 가지는 매개의 부분을 언제나 같게 적는 형태주의 원칙을 기본으로 한다.
제2항 문장의 각 단어는 띄어씀을 원칙으로 한다.	
제3항 외래어는 '외래어 표기법'에 따라 적는다.	

---

5) '조선어 규범'의 '4칙'은 '조선말 표준발음법', '조선말 맞춤법', '조선말 띄어쓰기', '문장부호'이다.

〈표 2〉에서 보는 바와 같이 한글 맞춤법의 총칙은 3항으로 구성되어 있으며, 제1항에서는 맞춤법의 대상이 되는 언어, 표기 방식을 밝히고 있으며 제2항에서는 띄어쓰기의 단위를 밝히고, 제3항에서는 외래어의 표기방식에 대해 이야기하고 있다. 조선말 맞춤법은 항의 구분이 없으며, 맞춤법의 단위, 표기방식을 밝히고 있다. 두 규정 모두 맞춤법의 언어 단위와 표기방식을 밝히고 있다는 점에서 공통적이다.

두 맞춤법 규정의 차이점으로 가장 두드러진 것은 '표기방식'이다.

우선, 한글 맞춤법 제1항에서는 '소리대로 적는다'는 '표음주의적 표기방식'과 '어법에 맞도록 한다'는 '형태주의적 표기방식'을 혼용하여 사용할 것이라고 밝히는 반면 조선말 맞춤법에서는 '단어에서 뜻을 가지는 매개의 부분을 언제나 같게 적는 형태주의 원칙을 기본으로 한다'고 밝히고 있다. 한글 맞춤법에서는 한글이 가진 표음 글자로서의 특징을 유지하기 위해 소리대로 적되, 의미의 효율성을 높이기 위해 형태주의적 표기방식 또한 함께 취하고 있으나, 조선말 맞춤법에서는 형태주의적 표기방식만을 취한다는 점이 가장 두드러진 차이점이다.

두 번째로, 한글 맞춤법 제1항에서는 여러 가지 말 중에서 '표준어'를 대상으로 한다고 밝힘으로써 지역 방언 및 사회 방언은 한글 맞춤법의 대상에서 제외되고 있음을 밝힌다. 그러나 조선말 맞춤법에서는 어떤 말을 대상으로 하는지 밝히고 있지 않다.

마지막으로, 한글 맞춤법 제3항에서는 '외래어는 외래어 표기법에 따라 적는다'고 밝힘으로써 외래어 표기법이 따로 있음을 드러내고 있으나 조선말 규범에서는 외래어의 맞춤법에 대한 별도의 설명이 없어 외래어 또한 조선말 규범을 따르고 있음을 알 수 있다.

3.3. 자모

한글 맞춤법6)과 조선말 맞춤법7)의 자모에 관한 내용을 비교하여 제
시하면 〈표 3〉과 같다.

〈표 3〉 한글 맞춤법과 조선말 맞춤법의 자모

| 한글 맞춤법 | 제4항
한글 자모의 수는 스물넉 자로 하고, 그 순서와 이름은 다음과 같이 정한다.
ㄱ(기역), ㄴ(니은), ㄷ(디귿), ㄹ(리을), ㅁ(미음), ㅂ(비읍)
ㅅ(시옷), ㅇ(이응), ㅈ(지읒), ㅊ(치읓), ㅋ(키읔), ㅌ(티읕)
ㅍ(피읖), ㅎ(히읗)
ㅏ(아), ㅑ(야), ㅓ(어), ㅕ(여), ㅗ(오), ㅛ(요)
ㅜ(우), ㅠ(유), ㅡ(으), ㅣ(이)
[붙임1] 위의 자모로써 적을 수 없는 소리는 두 개 이상의 자모를 어울러서
적되, 그 순서와 이름은 다음과 같이 정한다.
ㄲ(쌍기역), ㄸ(쌍디귿), ㅃ(쌍비읍), ㅆ(쌍시옷), ㅉ(쌍지읒)
ㅐ(애), ㅒ(얘), ㅔ(에), ㅖ(예), ㅘ(와), ㅙ(왜),
ㅚ(외), ㅝ(워), ㅞ(웨), ㅟ(위), ㅢ(의)
[붙임2] 사전에 올릴 적의 자모 순서는 다음과 같이 정한다.
자음: ㄱ, ㄲ, ㄴ, ㄷ, ㄸ, ㄹ, ㅁ, ㅂ, ㅃ, ㅅ, ㅆ, ㅇ, ㅈ, ㅉ, ㅊ, ㅋ,
ㅌ, ㅍ, ㅎ
모음: ㅏ, ㅐ, ㅑ, ㅒ, ㅓ, ㅔ, ㅕ, ㅖ, ㅗ, ㅘ, ㅙ, ㅚ, ㅛ, ㅜ, ㅝ, ㅞ,
ㅟ, ㅠ, ㅡ, ㅢ, ㅣ |
| 조선말 맞춤법 | 자음자: 19개
ㄱ(기윽), ㄴ(니은), ㄷ(디), ㄹ(리을), ㅁ(미음), ㅂ(비읍), ㅅ(시읏),
ㅇ(이응), ㅈ(지읒), ㅊ(치읓), ㅋ(키읔), ㅌ(티읕), ㅍ(피읖), ㅎ(히읗),
ㄲ(된기윽), ㄸ(된디), ㅃ(된비읍), ㅆ(된시읏), ㅉ(된지읒)
자음자의 이름은 각각 다음과 같이 부를 수도 있다.
ㄱ(그), ㄴ(느), ㄷ(드), ㄹ(르), ㅁ(므), ㅂ(브), ㅅ(스), ㅇ(으), ㅈ(즈), ㅊ(츠),
ㅋ(크), ㅌ(트), ㅍ(프), ㅎ(흐), ㄲ(끄), ㄸ(뜨), ㅃ(쁘), ㅆ(쓰), ㅉ(쯔) |

6) 이주행(2005:67~68) 참조.
7) 최윤갑(1994:4~6) 참조.

모음자: 21개

ㅏ(아), ㅑ(야), ㅓ(어), ㅕ(여), ㅗ(오), ㅛ(요), ㅜ(우), ㅠ(유), ㅡ(으), ㅣ(이)
ㅐ(애), ㅒ(얘), ㅔ(에), ㅖ(예), ㅚ(외), ㅟ(위), ㅢ(의), ㅘ(와), ㅝ(워), ㅙ(왜),
ㅞ(웨)

위의 〈표 3〉을 보면 한글 맞춤법과 조선말 맞춤법의 자모에 대한 규정
이 조금씩 다름을 알 수 있다.

우선 한글 맞춤법에서는 자모의 수, 순서, 이름을 제시하고, [붙임] 규
정을 두어 기본 자모에 들어가지 않는 자모를 밝힐 뿐 아니라 사전에
올릴 자모의 순서 또한 제시하고 있다. 조선말 맞춤법에서는 자음자의
수, 순서, 이름을 밝히고 있으며, 자음의 경우 원래 명칭 외에 달리 부를
수 있는 이름을 별도로 제시하고 있다.

세부적으로 한글 맞춤법과 조선말 맞춤법의 차이를 살펴보면 다음과
같다.

첫째, 자모의 개수가 다르다. 한글 맞춤법에서는 기본 자모가 24개(자
음 14개, 모음 10개), 조선말 맞춤법에서는 기본 자모가 40개이다. 이는
한글 맞춤법에서는 'ㄲ, ㄸ, ㅃ, ㅆ, ㅉ'과 'ㅐ, ㅒ, ㅔ, ㅖ, ㅘ, ㅙ, ㅚ,
ㅝ, ㅞ, ㅟ, ㅢ'를 기본 자모에 포함하지 않고, [붙임1]로 별로 표기하고
있기 때문에 나타나는 차이점이라 할 수 있다.

둘째, 자모의 순서가 다르다. 한글 맞춤법에서는 기본자만 배열하였
고, [붙임2]에 따라 규정을 두어 사전에 올릴 순서를 마련하였다. 자음의
경우를 보면, 한글 맞춤법에서는 홑글자(ㄱ, ㄴ, ㄷ, ㄹ, ㅁ, ㅂ, ㅅ,
ㅇ, ㅈ, ㅊ, ㅋ, ㅌ, ㅍ, ㅎ) 사이 사이에 같은 계통의 겹글자(ㄲ, ㄸ,
ㅃ, ㅆ, ㅉ)를 넣어 'ㄱ, ㄲ, ㄴ, ㄷ, ㄸ, ㄹ, ㅁ, ㅂ, ㅃ, ㅅ, ㅆ, ㅇ,

ㅈ, ㅉ, ㅊ, ㅋ, ㅌ, ㅍ, ㅎ'로 배열하였다. 반면, 조선말 맞춤법에서는
홑글자(ㄱ, ㄴ, ㄷ, ㄹ, ㅁ, ㅂ, ㅅ, ㅇ, ㅈ, ㅊ, ㅋ, ㅌ, ㅍ, ㅎ)-겹글자
(ㄲ, ㄸ, ㅃ, ㅆ, ㅉ)의 순서로 배열하였다. 한글 맞춤법에서 겹글자 'ㄲ,
ㄸ, ㅃ, ㅆ, ㅉ'과 'ㅐ, ㅒ, ㅔ, ㅖ, ㅘ, ㅙ, ㅚ, ㅝ, ㅞ, ㅟ, ㅢ'는 두
개 이상의 자모를 어울러서 적'은 것이기 때문에 기본이 되는 자모의
뒤에 배치한 것이며, 조선말 맞춤법에서 겹글자 'ㄲ, ㄸ, ㅃ, ㅆ, ㅉ'와
'ㅐ(애), ㅒ(얘), ㅔ(에), ㅖ(예), ㅚ(외), ㅟ(위), ㅢ(의), ㅘ(와), ㅝ(워),
ㅙ(왜), ㅞ(웨)'는 독립된 기본 자모이므로 홑글자와 별도로 뒤에 겹글자
를 배치한 것으로 보인다. 중국 조선어에는 사전에 올릴 때에도 별도의
순서 없이 기본 자모의 순서를 그대로 따른다.

　셋째, 자음의 명칭이 다르다. 우선, 한글 맞춤법에서는 자음의 명칭을
"기역, 니은, 디귿, 리을, 미음, 비읍…" 등 하나의 이름만을 사용하나,
조선말 맞춤법에서는 "기윽, 니은, 디읃, 리을, 미음, 비읍…" 등의 이름
뿐만 아니라 "그, 느, 드, 르, 므, 브…" 등으로도 부르고 있어 자음의
명칭이 두 가지라고 볼 수 있다. 또한, 그 중에서 "ㄱ, ㄷ, ㅅ"와 "ㄲ,
ㄸ, ㅃ, ㅆ, ㅉ"의 명칭이 다른데 한글 맞춤법에서는 "기역, 디귿, 시옷",
"쌍기역, 쌍디귿, 쌍비읍, 쌍시옷, 쌍지읒"으로, 조선말 맞춤법에서는 "기
윽, 디읃, 시읏", "된기윽, 된디읃, 된비읍, 된시읏, 된지읒"으로 부른다.

3.4. 두음법칙

　한글 맞춤법과 조선말 맞춤법의 두음법칙에 관한 규정을 정리하면
〈표 4〉와 같다.

〈표 4〉 한글 맞춤법과 조선말 맞춤법의 두음법칙 관련 규정

한글 맞춤법	조선말 맞춤법
제10항 한자음 '녀, 뇨, 뉴, 니'가 단어 첫머리에 올 적에는 두음 법칙에 따라 '여, 요, 유, 이'로 적는다. **제11항** 한자음 '랴, 려, 례, 료, 류, 리'가 단어의 첫머리에 올 적에는 두음 법칙에 따라 '야, 여, 예, 요, 유, 이'로 적는다. **제12항** 한자음 '라, 래, 로, 뢰, 루, 르'가 단어의 첫머리에 올 적에는 두음법칙에 따라 '나, 내, 노, 뇌, 누, 느'로 적는다.	관련 규정 없음

〈표 4〉에서 보는 바와 같이 두음법칙의 적용 여부는 한국과 중국 조선 어 맞춤법에서 두드러진 차이를 보인다. 한글 맞춤법(1988)은 '한글맞춤 법통일안'(1933)에 제시된 두음법칙 관련 내용을 크게 수정하지 않고 사 용하고 있다. 한글 맞춤법에서 두음법칙에 관한 규정은 '제10항, 제11항, 제12항'이며, 두음법칙 적용의 대상은 '한자음'이다.

이에 반해 조선말 맞춤법(2007)에서는 두음법칙에 관한 규정을 별도 로 두지 않았다. 다만, 한글 맞춤법에서 두음법칙 적용의 대상인 '한자어' 의 발음에 관한 규정이 있는데, "한자어는 음절마다 조선 현대 발음에 따라서 적는 것을 원칙으로 한다."고 하여 발음에 따르라 한다. 이런 두 규정의 차이는 '총칙'의 차이에 근거하는데, 한글 맞춤법은 '소리나는 대 로 적는' 원칙을, 조선말 맞춤법에서는 한자의 원음을 밝혀 적는 '형태주 의 원칙'을 따랐기 때문에 나타나는 것이다. 물론 중국말 맞춤법에도 예 외가 있는데, '나사, 나팔, 류월, 시월과 같이 한자어의 변화가 아주 굳어 진 단어는 변한 소리대로 적고 있어 부분적으로 '소리나는 대로 적는' 한글 맞춤법과 비슷한 양상을 보인다.

3.5. 사이시옷

한글 맞춤법과 조선말 맞춤법의 사이시옷에 관한 규정을 정리하면
〈표 5〉와 같다.

<표 5〉 한글 맞춤법과 조선말 맞춤법의 사이시옷 관련 규정

한글 맞춤법	조선말 맞춤법
제30항 사이시옷은 다음과 같은 경우에 받치어 적는다. 1. 순 우리말로 된 합성어로서 앞말이 모음으로 끝나는 경우 　(1) 뒷말의 첫소리가 된소리로 나는 것 　　예: 바닷가, 햇볕, 나룻배, 나뭇가지, 조갯살 　(2) 뒷말의 첫소리 'ㄴ, ㅁ' 앞에서 'ㄴ' 소리가 덧나는 것 　　예: 아랫마을, 냇물, 잇몸, 아랫니, 빗물 　(3) 뒷말의 첫소리 모음 앞에서 'ㄴㄴ' 소리가 덧나는 것 　　예: 베갯잇, 깻잎, 뒷윷 2. 순 우리말과 한자어로 된 합성어로서 앞말이 모음으로 끝난 경우 　(1) 뒷말의 첫소리가 된소리로 나는 것 　　예: 귓병, 전셋집, 찻잔 　(2) 뒷말의 첫소리 'ㄴ, ㅁ' 앞에서 'ㄴ' 소리가 덧나는 것 　　예: 훗날, 툇마루, 양칫물 　(3) 뒷말의 첫소리 모음 앞에서 'ㄴㄴ' 소리가 덧나는 것 　　예: 가윗일, 예삿일, 훗일 3. 두 음절로 된 다음 한자어 　예: 곳간, 셋방, 숫자, 찻간, 툇간, 횟수	합성어는 매개 어근의 형태를 밝혀 적는 것을 원칙으로 한다. 사이소리 현상이 일어날 경우에도 다른 합성어를 적을 때와 마찬가지로 본래의 형태를 밝혀 적을 뿐 사이소리를 따로 표기하지 않는다.[8] 즉, 발음에서는 이를 허용하나 맞춤법에서는 사이시옷을 인정하지 않는다.

한글 맞춤법에서 사이시옷은 합성어의 경우 나타나며, 그 마저도 '우
리말+우리말', '우리말+한자어', '한자어+우리말'의 경우에만 사용한다.
즉, '한자어+한자어'의 합성어일 경우 '곳간, 셋방, 숫자, 찻간, 툇간, 횟수'

---

8) 최윤갑(1994:27) 참조.

의 여섯 단어를 제외하고는 사용하지 않는다. 이에 반해 조선말 맞춤법
의 경우 합성어의 매개 어근의 형태를 밝히는 것을 원칙으로 하기 때문
에 발음할 때에는 사이시옷을 인정하나, 표기에서는 사용하지 않고 있
다. 이는 조선말 맞춤법의 '형태주의 원칙'에 따른 결과라고 할 수 있다.

3.6. 띄어쓰기

한글 맞춤법에는 제5장에 띄어쓰기 규정이 있으나 조선말 맞춤법에는
띄어쓰기 규정이 없다. 단, '조선어 규범'의 '4칙'으로 '조선말 표준발음
법', '조선말 맞춤법', '조선말 띄어쓰기', '문장부호'가 있어 띄어쓰기는
맞춤법 규정과 별도로 제시되어 있다. 본고에서는 띄어쓰기의 차이점을
살펴보기 위해 '조선말 띄어쓰기'의 규정과 한글 맞춤법의 띄어쓰기 규
정을 비교하고자 한다.

앞서 제시했듯이 두 규정 모두 총칙에서 띄어쓰기의 대원칙을 밝히고
있는데, 한글 맞춤법에서는 '제2항 문장의 각 단어는 띄어 씀을 원칙으로
한다.', 조선말 맞춤법에서는 '총칙'에 '단어를 단위로 하여 띄어 쓰는 것
을 원칙으로 한다.'고 규정하고 있다. 이를 통해 두 언어 모두 띄어쓰기
의 단위를 '단어'로 하고 있음을 알 수 있다.

하지만 한국어의 띄어쓰기에서는 "문장의 각 단어는 띄어 씀을 원칙
으로 한다."고 한 규정이 조선어에서 보다 일반적으로 적용되고 있다.
조선어의 경우 "명사적 단어결합, 학술용어, 굳어진 말, 등은 붙여 쓴다."
거나 "불완전명사, 일부 보조적 동사는 앞 단어에 붙여 쓴다." 등의 붙여
쓰기 규정들이 많아 한국어에 비해 붙여 쓰는 경우가 많다.[9] 물론 한국

어의 띄어쓰기에도 붙여쓰는 것을 허용하는 규정들이 있으나 이는 붙여
써야한다고 강제하는 것이 아닌 그야말로 '허용' 규정이라 원칙은 띄어
쓰는 것이다.

한글 맞춤법과 조선말 맞춤법의 띄어쓰기에 관한 규정을 정리하면
〈표 6〉과 같다.

〈표 6〉 한글 맞춤법과 조선말 맞춤법의 띄어쓰기 관련 규정

	한국어	중국 조선어
의존명사와 관련된 띄어쓰기	의존명사는 띄어 쓴다.(42항) 예: 뜻한 바를 이루었다.	불완전명사는 앞의 단어에 붙여쓴다. (제5항) 예: 뜻한바를 이루었다.
고유명사와 관련된 띄어쓰기	(1)성과 이름, 성과 호 등은 붙여 쓰고 이에 덧붙는 호칭어, 관직명 등은 띄어 쓴다. 다만, 성과 이름, 성과 호를 분명히 구분할 필요가 있을 경우에는 띄어 쓸 수 있다. 예: 황보지붕/황보 지붕, 이보라 학생 (2)성명이외의 고유명사는 단어별로 띄어 쓰는 것을 원칙으로 하되, 단어별로 띄어 쓸 수 있다. 예: 사범 대학/사범대학	(1)고유한 대상의 이름을 붙여쓰는 것을 원칙으로 하면서 일부 경우에 띄어 쓰는 것도 허용하고 있다. 예: 이○○선생 (2)기관이나 부서의 이름과 직무이름(또는 직업, 신분, 칭호), 사람 이름 사이는 각각 띄어 쓴다. 예: 김철수 선전부 부장
학술용어 및 전문용어와 관련된 띄어쓰기	전문 용어는 단어별로 띄어 씀을 원칙으로 하되, 붙여 쓸 수 있다. 예: 만성 골수 백혈병(원칙)/만성골수백혈병(허용)	학술용어는 원칙적으로 붙여쓴다. 예: 1원2차방정식, 고속도전자계산기
수사와 관련된 띄어쓰기	(1)한국어에서는 단위를 나타내는 명사는 띄어 쓴다. 다만 순서를 나타내는 경우와 숫자와 어울리어 쓰이는 경우에는 붙여 쓸 수 있다. 예: 양 한 마리, 커피 한 잔, 사과 10개, 19동 102호, 7미터	(1)중국 조선어에서는 수사가 자립 명사와 결합하는 경우에는 띄어 쓴다. 하지만 수사가 단위성 의존 명사와 어울리는 경우에는 붙여 쓴다. 예: 두 사람, 다섯개(5개), 열한살(11살)

---

9) 최윤갑(1994:124~127) 참조.

	(2)수를 적을 적에는 '만(萬)' 단위로 띄어 쓴다. 수가 만 단위 이상일 때 아라비아숫자와 섞어 쓸 수 있다. 이 경우에 아라비아숫자와 같이 사용할 때가 더 많다. 예: 십이억 삼천사백오십육만 칠천팔백구십팔 / 12억 3456만 7898	*완전명사 중, 단위성 의존 명사적으로 쓰이는 "그릇, 병, 통, 뽐, 자, 책" 등은 수사에 붙여쓴다. "손, 발, 귀, 눈, 입, 어깨, 몸" 등 명사도 수사에 붙여쓴다. 예: 열병, 두통, 두발로, 한손에, 두눈으로 (2)수사는 아라비아수자로 적는 것을 원칙으로 하되 조선문자로 단위를 달아줄 경우거나 순 조선문자로 적을 경우에는 "만, 억, 조" 등의 단위에서 띄어 쓴다.
대명사와 관련된 띄어쓰기	한국어에서 띄어쓰기 규범에서 대명사와 관련해 따로 항목을 설치하여 규정하지 않았다. 하지만 맞춤법 총칙에서 규정한 "문장의 각 단어는 띄어 씀을 원칙으로 한다."에 따르면 대명사는 띄어 쓰는 것으로 되어있다. 그러나 단음절로 된 단어가 연이어 나타날 때에는 붙여 쓸 수 있다. 예: 그때 그곳, 이말 저말, 한잎 두잎	중국 조선어에서 대명사는 원칙적으로 띄어 쓰나 명사 또는 부사와 어울려 하나의 단어로 굳어진 것은 붙여쓴다. 또한, 대명사가 겹쳐 쓰이어 강조 혹은 여럿의 뜻을 나타내는 것도 붙여 쓴다. 예1: 우리 나라, 그 사람, 저 자전거 예2: 제노릇, 제몸, 제아무리 예3: 이것저것, 누구누구
보조용언과 관련된 띄어쓰기	(자립적인 동사나 형용사는 모두 띄어 쓰는 것을 원칙으로 한다.) 한국어에서 보조용언은 띄어 씀을 원칙으로 하되 경우에 따라 붙여 쓰는 것도 허용한다. 다만, 앞말에 조사가 붙거나 앞말이 합성 동사인 경우, 그리고 중간에 조사가 들어갈 적에는 그 뒤에 오는 보조 용언은 띄어 쓴다. 예1: 어머니를 도와 드린다(원칙), 어머니를 도와드린다(허용) 예2: 잘도 놀아만 나는구나, 강물에 떠내려가 버렸다, 그가 올 듯도 하다	(자립적인 동사나 형용사는 모두 띄어 쓰는 것을 원칙으로 한다.) 중국 조선어에서 보조적으로 쓰인 동사나 형용사는 앞 단위에 붙여쓰고 "듯, 만, 번, 법, 사, 척, 체"등이 붙은 동사나 형용사가 "하다"와 어울리는 경우에는 붙여 쓴다고 규정하였다[10]. 예1: 돌아가다, 일어나다, 심어내다, 버티여내다, 무거워보이다, 보았으면싶다, 승리하고야말다, 서두르다가보니 예2: 이길법하다, 쓸만하다, 만날번하다, 아는척하다, 옳은듯하다

10) 최윤갑(1994:124~126) 참조.

3.7. 문장부호

한글 맞춤법에서는 부록으로 문장부호 관련 규정을 싣고 있으며, 조선말 맞춤법에서는 문장부호 관련 규정을 담고 있지 않다. 띄어쓰기 규정과 마찬가지로 문장부호 관련 규정은 '조선어 규범'의 하나인 '문장부호'에서 별도로 그 내용을 담고 있다. 본고에서는 문장부호의 차이점을 살펴보기 위해 '문장부호'의 규정과 한글 맞춤법의 부록으로 제시된 띄어쓰기 규정을 비교하고자 한다.

한글 맞춤법에서는 문장부호를 '마침표, 쉼표, 따옴표, 묶음표, 이음표, 드러냄표, 안드러냄표' 등 크게 일곱 가지 종류로 나눈 뒤에 다시 '마침표'의 종류로 '온점, 고리점, 물음표, 느낌표'를, '쉼표'의 종류로 '반점, 모점, 가운뎃점, 쌍점, 빗금'을, '따옴표'의 종류로 '큰따옴표, 겹낫표, 작은따옴표, 낫표'를, '묶음표'의 종류로 '소괄호, 중괄호, 대괄호'를, '이음표'의 종류로 '줄표, 붙임표, 물결표'를, '드러냄표'의 종류로 '드러냄표'를, '안드러냄표'의 종류로 '숨김표, 빠짐표, 줄임표'를 제시하고 있다. 그리고 각 문장부호별로 용법과 그 예를 제시하여 이해를 돕고 있다. 그러나 조선어 규범에서는 이러한 구분 없이 문장부호의 명칭과 용법을 단순히 나열하여 제시하고 있을 뿐이다.

한글 맞춤법과 조선말 맞춤법의 문장부호에 관한 규정을 정리하면 〈표 7〉과 같다.

〈표 7〉 한글 맞춤법과 조선말 맞춤법의 문장부호 관련 규정

갈래	명칭		비고
	한국어	중국 조선어	
.	온점	점	
○	고리점	×	〈한글 맞춤법〉 가로쓰기에는 온점(.)을, 세로쓰기에는 고리점(○)을 사용함.
?	물음표	물음표	
!	느낌표	느낌표	
,	반점	반점	
、	모점	×	〈한글 맞춤법〉 가로쓰기에는 반점(,)을, 세로쓰기에는 모점(、)을 사용함.
·	가운뎃점	×	
:	쌍점	두점	
;	×	반두점	
/	빗금	빗금	
" "	큰따옴표	× (1996년)	
		인용표 (2007년)	
『 』	겹낫표	×	
《 》	×	인용표 (1996년)	
		서명표(2007년)	
' '	작은따옴표	× (1996년)	
		거듭인용표(2007년)	
「 」	낫표	×	
〈 〉	×	거듭인용표	
( )	소괄호	소괄호	
{ }	중괄호	대괄호	
[ ]	대괄호	중괄호	
─	줄표	풀이표	

─	붙임표	이음표	
∼	물결표	물결표	
˙	드러냄표	×	
˚	드러냄표	×	
…	×	드러냄표	〈조선어 규범–문장부호〉 강조할 필요가 있는 어구의 글자 밑에 찍음.
─	밑줄		〈한글 맞춤법〉 드러냄표와 같은 기능을 한다.
××, ○○	숨김표	×	〈한글 맞춤법〉 알면서도 고의로 드러내지 않음을 나타냄.
○○○	×	숨김표	〈조선어 규범–문장부호〉
□	빠짐표	×	글자의 자리를 비워 둠을 나타냄.
……	줄임표	×	
…	×	줄임표	
〃	×	같음표	

〈표 7〉을 보면 한국어와 조선어의 문장부호 규정에 있어 몇 가지 차이점이 보인다.

첫째, 한국어에는 세로쓰기에 쓰이는 문장부호가 별도로 있지만, 조선어에는 없다.

둘째, 한국어에서는 25개의 문장부호를 사용하는 반면, 조선어에서는 20개의 문장부호만을 사용한다. 한국어에서는 중국 조선어보다 '고리점', '모점', '겹낫표', '낫표', '빠짐표', '가운뎃점'이 더 추가되었으며, 중국 조선어에서는 한국어에 없는 '같음표'가 더 있다.

셋째, 명칭에서 차이를 보이는 문장부호가 있다. 가령, '(.) 한국어-온점, 중국 조선어-점', '(:) 한국어-쌍점, 중국 조선어-두 점', '(─) 한국어-붙임표, 중국 조선어-이음표', '(" ") 한국어-큰따옴표, 중국 조선어-인용표', '(' ') 한국어-작은따옴표, 중국 조선어-거듭인용표', '([ ]) 한국어-대괄호, 중국 조선어-중괄호', '({ }) 한국어-중괄호, 중국 조선어-대괄호'와 같은 것들이다.

4 결론

이상에서 우리는 한국어와 중국 조선어 맞춤법 규정에 대해 살펴보았다. 같은 언어이지만 맞춤법 규정에서 구성, 총칙, 두음법칙, 사이시옷, 띄어쓰기, 문장부호 등 여러 부분에서 차이점을 보이고 있다. 이 같은 차이는 중국에서 한국어를 교육하는 교사와 공부하려는 학생들에게 혼란을 가중시킬 수 있기 때문에 문제가 된다. 이러한 차이는 국어로서의 한국어의 위상을 높이는 데 유리하지 못하다고 본다. 하루속히 우리민족이 언어통일 방안을 모색해내고 한국어와 조선어의 맞춤법 규범도 하나로 통일되기를 기대한다.

지금 눈앞에 놓인 중요한 문제는 맞춤법 규범의 차이를 어떻게 잘 극복해 나가는가 하는 문제라고 생각한다. 중국의 조선어문 교육현장에서, 제2언어로서 한국어 교육 현장에서 이 어려움을 잘 이겨내야 한다. 조선족 학교에서 9년제 의무교육을 받아온 한국어교사들은 조선어 맞춤법을 비롯한 조선말 규범에 익숙하다. 그렇기 때문에 외국어로서 한국어를 가르친다면 꼭 한국어와 조선어의 맞춤법상의 구별을 본인이 명확히 하고 사용할 때 주의해야 한다. 이에 어떻게 해야 하는지에 대해 약간의 제안을 하고자 한다. 중국의 조선족 학교에서 조선어문을 교육할 때 글쓰기, 말하기, 독서 등을 통해서 학생들이 한국어와 중국 조선어의 맞춤법 상의 차이를 구별하고 두 가지를 다 활용하는 훈련을 하는 것이 좋을 것 같다. 그리고 중국에서 생활하다보면 조선족노 만나고 책이나 매체를 통해서 다양한 내용을 접하게 되기 때문에 교사는 외국어로서 한국어를 배우는 학생들에게 한국에서 규정한 한글맞춤법 내용을 주로 가르치되 조선어 맞춤법에 대해서도 약간의 보충설명을 함으로서 학습자들이 상황에 따른 사용에 불편함이 없도록 한국어 교사가 잘 지도하는 것이 바람직하다. 또 학습자들에게 한국어로 된 한글 프로그램 같은 것을 사용하여 글을 쓰는 연습을 하게 함으로서 틀린 부분의 오류를 학습자들이 스스로 깨닫고 고쳐나가게 하는 것과 같은 것들이다. 이러한 맞춤법 규범의 차이는 함께 노력하면 극복이 가능하다고 본다.

참고문헌

김순녀(2011), 「우리말 규범의 어제와 오늘」, 『국어교육학연구』 제41집, 279～310쪽.

김영옥(2003), 「중국에서의 한국어(조선어) 교육에 관한 고찰」, 『청람어문교육』 26집, 253～272쪽.

나찬연(2005), 『한글 맞춤법의 이해』, 월인.

동북3성《조선어문법》편찬소조(1983), 『조선어문법』, 연변인민출판사.

문은희(2012), 「중국 조선어 규범과 한국 어문 규범 비교 연구」, 연세대학교 석사학위논문.

박선우(1992), 「민족어의 통일방안 「북한의 어학혁명」」, 백의.

이옥련(1998), 「남북한 언어 정책과 어문규정의 차이」, 『통일논총』 16, 숙명여자대학교 통일문제연구소.

이주행(2003), 「남한과 중국 조선족 사회의 언어 비교 연구」, 『언어과학연구』 제26집, 277～306쪽.

이주행(2005), 『한국어 어문 규범』, 보고사.

전수태(2001), 「서로 다른 표기법의 통일 방안」, 『새국어생활』 제11권 제1호, 47～60쪽.

최윤갑(1994), 『중국·조선·한국 조선어 차이 연구』, 연변인민출판사.

찾아보기

ㄱ

강조 보조용언 ·················36

겸양명사 ·····················175

결속성 ·······················216

겸사 ·························180

경겸 어휘소 ··················186

고유어 ·······················75

교육용 담화 표지 ··············215

구문 표현 ·················102, 111

구어 말뭉치 ··················208

귀납 추론 ····················144

귀납 추론 전략 ················144

긍정적 전이 ···················93

ㄴ

높임명사 ·····················175

높임법 화계 ··················168

ㄷ

다음절 한자어 ·················47

단순 의문 기능 ················129

단음절 한자어 ·················47

담화 결속 기능 ················216

담화 표지 ····················194

담화 표지 교육 내용 ············202

담화 표지 습득 ················214

담화 표지의 식별 ··············200

담화 표지의 정의 ·····················198
담화 표지화 ·····················201
대조 전략 ·····················150
대조언어학 ·····························91
대조·분석 절차 ·······················95
도치어 ·····················52, 59, 60, 72
동형동의어 ·····················48, 69
동형동의어의 학습 ·····················54
동형이의어 ·····················49, 71
동형이의어의 학습 ·····················60
두음법칙 ·····························234
띄어쓰기 ·····························237

ㅁ

명령 기능 ·····························143
문법화 과정 ·····························206
문장부호 ·····························240
문형 ·····························170

ㅂ

반복 보조용언 ·····················29
보유 보조용언 ·····················23
부사 ·····························101
부정 의문문 ·····························83
부정 표현 ·····················100, 107, 111

부정적 전이 ·····························93
부탁 기능 ·····························143
비교언어학 ·····························88

ㅅ

사이시옷 ·····························236
상대 높임법 ·····························166
상적 의미 ··13, 19, 22, 24, 27, 30, 33
서법 ·····························97
서법 부사 ·····················111, 117
선어말 어미 ·····················101, 111
수사 의문문 ·····························83
수업 모형의 단계 ·····················152
실용성 ·····························207

ㅇ

양태동사 ·····················108, 111
양태적 의미 ·······17, 21, 23, 25, 28,
31, 34, 37
어기 부사 ·····················109, 111, 117
어순 바꾸기 ·····························59
어원별 어휘 목록 ·····················73
어휘 요소 ·····························172
언어유형론 ·····························89
외래어 ·····························76

원형성 …………………212
의문 어기사 ……………104, 111
의문대사 …………………106
의문문 의향 기능 ……………130
의문문 인사 기능 ……………138
의문문 정표 기능 ……………137
의문문 제보 기능 ……………134
의문문 지시 기능 ……………135
의문문 추측 기능 ……………132
의문문 확인 기능 ……………133
의문문의 교수·학습 모형 ………152
의문사 ……………99, 111, 140
의문사의 문법 기능 분류 ………114
의문사의 지시 기능 분류 ………114
의문형 종결어미 ………98, 111, 140
의사소통 기능 ……………129, 140
의존명사 …………………173
의향 기능 …………………130
이형동의어 ………………50, 71
이형동의어의 학습 ……………63
인사 기능 …………………139
인지 전략 ……………125, 126
인칭 대명사 ……………175, 181

ㅈ

자모 …………………232
접미사 …………………173
정표 기능 ……………137, 143
제보 기능 ……………134, 142
제안 기능 …………………143
조선말 맞춤법 ……………229
존경 명사 …………………179
종결 보조용언 ………………21
중국 조선어 ………………226
중국어 높임 어휘 ……………179
중국어 상대 높임법 ……………169
중국어 양태동사 ……………115
중국어 의문대사 ……………113
중국어 통사구조 ……………117
지시 기능 …………………135
직업문식성 …………………43
진행 보조용언 ………………12

ㅊ

청자와의 결속 ………………218
총칙 …………………230
추측 기능 ……………132, 142

ㅎ

한국어 구문 표현 ·······················117

한국어 높임 어휘 ·····················172

한국어 담화 표지 ·····················195

한국어 보조용언 ·······················12

한국어 상대 높임법 ···················167

한국어 선어말 어미 ···················115

한국어 의문사 ·························113

한국어의 높임법 ·······················165

한글 맞춤법 ···························229

한자신조어 ··············52, 57, 59, 72

한자어 ·································73

호칭어 ···························177, 183

혼종어 ·································76

화계 ··································166

화자와의 결속 ·························218

화제와 화제 결속 ·····················218

화행이론 ·······························84

확인 기능 ························133, 142

저자　**박덕유**　인하대학교 국어교육과 교수
　　　유　나　인하대학교 국어교육과 교수
　　　왕　정　중국 청도농업대학교 한국어과 교수
　　　최　영　수원대학교 중어중문학과 교수
　　　강　곤　중국 곡부사범대학교 한국어과 교수
　　　박미현　중국 산동요성대학교 한국어과 교수
　　　강금염　인천광역시 평생학습관 강사
　　　김원영　인하대학교 국어문화원 강사

중국인 학습자를 위한 한국어 문법교육 연구

초판인쇄　2015년　3월 10일
초판발행　2015년　3월 20일

저　　자　박덕유 외
발 행 인　윤석현
발 행 처　도서출판 박문사
편　　집　최현아
책임편집　김선은
마 케 팅　권석동
등록번호　제2009-11호

우편주소　서울시 도봉구 우이천로 353 성주빌딩 3F
대표전화　(02)992-3253
전　　송　(02)991-1285
전자우편　bakmunsa@daum.net
홈페이지　http://www.jncbms.co.kr

ISBN 978-89-98468-59-0　93700　　　　　정가 14,000원